国家自然科学基金面上项目
"基于多目标规划的保险公司随机资产负债管理"（批）
中央财经大学学术著作基金资助出版

JIYU DUOMUBIAO GUIHUA DE
CHANXIAN GONGSI ZUIYOU ZIBEN GUIMO YANJIU

基于多目标规划的产险公司最优资本规模研究

王丽珍 著

经济科学出版社
Economic Science Press

图书在版编目（CIP）数据

基于多目标规划的产险公司最优资本规模研究／王丽珍著．
—北京：经济科学出版社，2013.8
ISBN 978-7-5141-3939-6

Ⅰ.①基… Ⅱ.①王… Ⅲ.①保险公司-资本管理-研究 Ⅳ.①F840.31

中国版本图书馆 CIP 数据核字（2013）第 258220 号

责任编辑：侯晓霞　程辛宁
责任校对：隗立娜
责任印制：李　鹏

基于多目标规划的产险公司最优资本规模研究
王丽珍　著
经济科学出版社出版、发行　新华书店经销
社址：北京市海淀区阜成路甲 28 号　邮编：100142
教材分社电话：010-88191345　发行部电话：010-88191522
网址：www.esp.com.cn
电子邮件：houxiaoxia@esp.com.cn
天猫网店：经济科学出版社旗舰店
网址：http://jjkxcbs.tmall.com
北京密兴印刷有限公司印装
710×1000　16 开　9.75 印张　160000 字
2013 年 11 月第 1 版　2013 年 11 月第 1 次印刷
ISBN 978-7-5141-3939-6　定价：34.00 元
（图书出现印装问题，本社负责调换。电话：010-88191502）
（版权所有　翻印必究）

前　言

　　党的十八大报告明确指出，要"完善金融监管，推进金融创新，提高银行、证券、保险等行业竞争力，维护金融稳定。"资本及偿付能力的充足性是产险公司持续运行、稳健发展不可或缺的条件。资本充足与否直接影响到产险公司业务的增长与扩展、偿付能力的强弱，进而与产险公司的生存与发展息息相关。所以产险公司的资本充足性既是产险业自身发展的需要，又是政府和民众高度关注的问题。2012年颁布的《中国第二代偿付能力监管制度体系建设规划》中的总体目标之一也是提高资本管理水平。因此，立足于当前我国产险业发展现状，开展产险公司资本规模和资本充足性问题研究，具有非常重要的现实意义和理论价值。

　　随着宏观经济的发展和金融环境的改善，我国产险业正在经历高速发展阶段。由于产险业负债经营的特殊性和保费规模的迅速增长，产险业出现了持续的增资热潮，产险公司必须及时补充资本金才能够满足自身的发展目标和监管机构、评级机构的要求。在这一经济形势下，产险公司必须加强资本管理，提高资本利用效率，优化资本配置状况，并积极寻求融资策略，提前做好融资规划，防止公司陷入偿付能力不足的困境。由于产险公司的资本管理是一项多目标、全方位的系统工程，所以必须从整体上对公司做全面分析，实现产险公司相互矛盾、相互独立、相互补充的一系列目标。本书在分析我国产险业资本管理现状的基础上，将产险公司资本管理与多目标规划模型相结合，兼顾公司经营发展的多个目标，研究了产险公司的最优资本规模问题。

具体而言，本书首先基于资本理论和我国产险业发展现状，利用34家产险公司的面板数据，建立局部联立调整模型研究了资本和风险的相互作用机制以及影响资本和风险调整的因素。目前国内的研究只是针对风险或者资本的某一方面，其中对于资本的研究主要围绕业务或者产品结构展开，大多是通过单一估计方程寻找各个因素之间的关系；对于风险的研究则几乎全部是定性分析，缺乏数据支持和定量研究。事实上，资本和风险的变化是相对应的，一方面，监管机构要求产险公司持有的资本与其业务规模和风险水平相适应；另一方面，从资本的稀缺性和未来发展的稳定性出发，产险公司也需要选择合适的资本和风险水平。基于此，本书将资本和风险纳入统一的框架进行联立分析。结果显示，资本增加使产险公司能够承担更多风险，但风险在一定程度内的变化并不会导致增资压力；保费增长是导致资本增加的主要因素，规模发展对资本要求的必然性掩盖了我国产险公司盈利能力差的现状；偿付能力充足的公司改变资本和风险的速度大于偿付能力不足的公司。本书研究结果表明，虽然长期而言，通过外部融资来提高偿付能力、维持业务的继续发展只能暂时缓解发展压力，并非长久之计。但是短期来看，在当前产险业盈利能力差的现实条件下，产险公司在合理利用资本并严格控制资本成本的基础上，必须积极寻求融资渠道，及时补充资本金以满足业务和机构发展的需要，防止偿付能力风险。所以当前产险业面临的一个重要问题是如何合理确定最优资本规模问题。

产险公司经营的最终目标是公司价值最大化，但是其实际发展过程中却存在多个管理目标。这些目标主要包括公司规模、经营利润、资本回报率、风险控制、监管要求等。产险公司的多目标属性使得资本管理必然从多目标的角度展开，所以产险公司的最优资本规模研究也需要从多目标的角度考虑。本书第三章详细分析了产险公司经营管理的多目标属性，并且系统梳理了多目标规划理论，特别是多目标规划模型的求解方法，为最优资本规模研究奠定理论基础。

以我国产险业发展现状、资本和多目标规划理论为基础,第四章构建了基于公司价值增值、财务困境成本、投资风险、承保风险以及监管约束的最优资本规模和资产配置模型。利用产险公司的赔付率数据拟合得到 Copula 函数,然后生成随机损失数据,并结合公司的实际经营情况设定参数对多目标规划模型进行求解。重点研究了不同权重、理想值或者预期目标对多目标模型最优决策的影响,并且比较分析了多目标规划模型的结果与产险公司的实际经营情况。研究发现,基于多目标规划模型的资本和资产决策能够实现公司的多个发展目标,有效改善公司的经营管理现状,防止公司追求单一目标所导致的发展困境,有利于产险公司实现可持续发展。

第五章考虑产险公司的长期融资策略,研究了多目标多阶段下产险公司的最优资本规模问题。本章以增加公司价值和控制资本成本为目标,在监管约束和破产约束下建立了基于多目标规划的资本规模模型,得到了保险公司的最优增资额度,并在此基础上将单阶段模型推广至多阶段。研究结果显示,除了保费、净资产、投资收益率之外,增资额度还主要受由摩擦成本率和财务困境成本率之比所决定的损失分位数以及公司可承受的尾部损失影响。产险公司需要以多目标模型为指导,提高融资的目的性和规划性。

第六章是关于资本规模模型的应用分析。本章首先以产险公司的多目标资本规模模型为案例,验证了基于多目标规划的最优决策的合理性。然后在分析不同阶段产险公司主要经营指标变化的基础上,研究了各阶段产险公司进行资本管理的主要内容,重点对现阶段产险公司应用多目标规划理论确定最优资本规模的必要性进行了分析。最后阐明了多目标规划模型应用的局限性和注意事项,为多目标规划模型在产险公司经营管理中进一步推广应用提供指导。

由于我国产险业尚处于初级发展阶段,规律性不明显,加之笔者时间和研究水平有限,因此本书论证不充分、不全面之处在所难免，恳请读者批评指正。笔者认为关于资本规模问题未来的研究方向主要集中于：第一，因为模型参数设置是否恰当，直接关系到最终的决策结果，所以如何合理设定多目标规划模型的参数值得进一步研究。第二，产险公司的经营管理中还存在其他非经济目标，如社会责任目标、雇工满意度目标、行业认可度目标等，这些目标的重要程度较低，并且难以量化，但是它们对产险公司的决策也产生影响，所以如何将它们体现于多目标规划模型有待研究。第三，寿险公司的经营管理也具有多目标属性，如何将多目标规划理论应用于寿险公司的资本管理中也是重要的研究方向。

王丽珍

2013年10月

目 录

第一章 绪论 ... 1
第一节 研究背景与意义 ... 1
第二节 产险公司资本理论文献综述 ... 7
第三节 研究框架 ... 17
第四节 创新点与不足之处 ... 22

第二章 产险业资本相关理论 ... 25
第一节 产险公司的资本 ... 25
第二节 产险公司资本管理与成本分析 ... 30
第三节 产险公司资本结构理论 ... 34

第三章 我国产险业资本调整实证研究 ... 37
第一节 资本的影响因素分析 ... 38
第二节 局部联立调整模型及变量设定 ... 39
第三节 产险公司资本管理实证检验 ... 43
第四节 研究结论与政策启示 ... 54

第四章 产险公司经营管理的多目标属性与多目标规划理论 ... 56
第一节 产险公司经营管理的多目标属性 ... 56
第二节 产险公司资本规模的多目标属性 ... 60
第三节 多目标决策问题 ... 62
第四节 多目标规划理论 ... 64

第五章 基于多目标规划的产险公司最优资本规模与资产配置 ………… 71

- 第一节 资本管理与资产配置的重要性及研究进展 ………… 71
- 第二节 基本模型 ………… 73
- 第三节 模型求解 ………… 77
- 第四节 最优决策结果分析 ………… 83
- 第五节 本章小结 ………… 89

第六章 多目标多阶段下的产险公司最优资本规模研究 ………… 91

- 第一节 引言 ………… 91
- 第二节 多目标单阶段资本管理模型构建与求解 ………… 93
- 第三节 多目标多阶段资本管理模型构建与求解 ………… 100
- 第四节 比较静态分析 ………… 102
- 第五节 研究结论 ………… 105

第七章 资本规模模型的应用分析 ………… 107

- 第一节 资本规模模型的合理性分析 ………… 107
- 第二节 资本规模模型应用必要性分析 ………… 111
- 第三节 多目标规划模型的局限性分析 ………… 128

第八章 结论与展望 ………… 132

- 第一节 主要研究结论 ………… 132
- 第二节 未来研究展望 ………… 134

参考文献 ………… 136

第一章

绪　　论

基于当前产险业发展现状，本章指出了本书的研究问题、研究背景和研究意义，并对国内外产险公司的资本管理理论进行了梳理和评述，简单介绍了整体研究框架和主要研究内容，阐明了创新点与不足之处。

第一节　研究背景与意义

一、研究问题

2007年之前，各产险公司的资本相对充足，规模扩张程度基本限定在资本金可达到的范围之内，因此需要增资的公司较少。随着保险机构的进一步扩张，保费收入大幅增加，这对偿付能力提出更高的要求，产险公司的资本压力随之增加。2007年年底，保监会发布了《保险公司偿付能力监管规定（征求意见稿）》，这无疑是产险公司提高资本金的"助推剂"，2008年保险资本增速显著上升，产险公司增资风潮初现。

近几年，保险业的增资热潮愈演愈烈，并呈现白热化的趋势。2009年我国保险业增资331.7亿元①，8家公司发行次级债225.5亿元。2011年保监会共批准了66家保险公司增资近900亿元；15家公司发行次级债600.5亿元，融资规模是2010年的26%，2012年则有46家（次）保险公司实行增资扩股，累计增资636亿元，9家保险公司发行次级债711亿元。自2012年到现在，主要产险公司的增资情况如表1.1所示。日渐高涨的融资潮已经引起了社会各界的高度重视，产险公司的资本管理问题被推上了保险舆论的顶峰，已经成为我国产险业面临的最为严峻和棘手的问题之一。

---

① 资料来源于中国保险监督管理委员会、中国保险学会网站。

表1.1　　　　　自2012年至今主要产险公司的增资情况　　　　　单位：亿元

公司名称	批复时间	原资本金	新资本金
富邦财产保险有限公司	2013.8.7	4	5
国泰财产保险有限责任公司	2013.7.26	4	6
阳光财产保险股份有限公司	2013.6.27	26.5	31.8
太平财产保险有限公司	2013.6.28	25.7	30.7
中国人民财产保险股份有限公司	2013.6.28	122.56	136
天平汽车保险股份有限公司	2013.6.24	15.7	20.7
利宝保险有限公司	2013.3.14	7.257	10.087
信达财产保险股份有限公司	2012.12.31	10	30
太平财产保险有限公司	2012.12.26	23.7	25.7
安邦财产保险股份有限公司	2012.12.21	51	90
民安财产保险有限公司	2012.12.2	9.9	20
华泰财产保险有限公司	2012.11.28	13.33	20
东京海上日动火灾保险（中国）有限公司	2012.10.16	3	4
永诚财产保险股份有限公司	2012.10.11	19.8	21.78
华安财产保险股份有限公司	2012.8.20	14	21
国元农业保险股份有限公司	2012.7.31	8.9	10
都邦财产保险股份有限公司	2012.7.24	20	27
天安保险股份有限公司	2012.7.17	43.45	56.479
中国大地财产保险股份有限公司	2012.6.30	57.2	64.3
太平财产保险有限公司	2012.6.29	20.7	23.7
长安责任保险股份有限公司	2012.6.29	8.5	14.2
浙商财产保险股份有限公司	2012.6.6	10	15
安诚财产保险股份有限公司	2012.5.23	25	30
中华联合财产保险股份有限公司	2012.3.20	15	75
永诚财产保险股份有限公司	2012.3.14	16.25	19.8
渤海财产保险股份有限公司	2012.3.6	11	13.75
利宝保险有限公司	2012.3.5	5.43	6.375
乐爱金财产保险（中国）有限公司	2012.1.13	2	2.2

资料来源：中国保险监督管理委员会网站。

增资热潮的出现有其必然性，因为产险公司必须保证资本的充足性以满足偿付能力和自身机构扩张的需要。当产险公司的机构或者业务扩张到一定程度时，它将面临资本不足风险。此时，或者控制扩张进程，控制业务规模，将资本需求限制在可承受的范围内，或者增加资本金，以支持公司的持续性发展。而几乎全部公司不会满足于现状，而是选择融资以谋求更广阔的发展空间。充足的资本是产险公司长期发展的基石，能够提高产险公司吸收非预期损失的能力，有利于产险公司扩大规模，提高未来的盈利能力。

但是同时，资本是一种稀缺的资源，昂贵的融资成本、代理成本以及税收成本等摩擦成本的存在，使得产险公司不能持有过多的资本，所以产险公司必须进行"适当"融资。由此，产险公司产生一个决策难题：如何适时地改变资本规模，使其既能满足偿付能力监管和公司发展的需要，又不会导致资源浪费，造成无谓损失。由于目前我国产险业面临这样的发展瓶颈，研究这一问题对于现阶段产险公司的发展具有举足轻重的意义。

二、研究背景

（一）产险业高速发展

随着改革开放的深入和经济的高速发展，民众的保险意识和风险意识逐渐增强，保险运行机制基本成立，市场体系逐步形成，产险行业发展长期保持强劲的增长势头。首先，2001年至今，财产险总保费年平均增长率维持在20%[①]以上。其中，2007年总保费增长率达到32.3%，2010年为35.5%。其次，自2003年起截止到2011年年底，产险业总资产的年平均增长率超过20%，其中2003年年底产险业总资产为1165.38亿元，而2011年年底则达到7919.94亿元。最后，在机构扩张方面，各产险公司不断加快分支机构的铺设速度，以实现不同地区的业务渗透，为公司未来的发展赢得了先机。其中，2010年年底产险公司共有56家，各级分支机构共计30133家。

在产险业高速发展的同时，产险公司普遍出现了资本金不足的问题。一方面，保费增加导致资本充足性快速下降；另一方面，机构扩张对资本产生大量消耗，加剧了偿付能力不足的出现。近几年，产险公司出现偿付

---

① 根据2000～2012年《中国保险年鉴》统计得到。

能力不足更是屡见不鲜。其中，2009年年底，52家产险公司中偿付能力达到100%以上的有47家，比2008年年底减少了2家；2010年年底，56家产险公司中偿付能力达到100%以上的有51家；2011年6月，中华联合财产保险股份有限公司、都邦财产保险股份有限公司、安华农业保险股份有限公司的偿付能力仍然存在问题。可见，在产险业高速发展的现实背景下，偿付能力不足问题已经成为影响我国产险业发展的顽疾。

由于偿付能力不足的公司将受到保监会的种种约束限制，一味地追求公司规模极易导致偿付链条的断裂，因此，资本已经成为制约保险公司发展的一个重要因素。面对保险业的发展现状，产险公司必须积极寻求融资渠道和最佳融资路径，提高增资的目的性和规划性，适时保持最优的资本规模，使资本与公司的规模相匹配，在实现保险业高速发展的同时保持公司经营的稳定性。

（二）监管机构高度重视资本充足性

保险监管机构一直非常重视产险公司的资本充足性。中国保监会2012年发布的《2012年财产保险监管工作要点》指出，2012年产险监管将继续强化资本充足性的刚性约束，对偿付能力不足的公司、处于警戒区域的公司、核心资本金不符合法律规定的公司，坚决采取督促公司增加资本金、缩减业务规模、缩减费用等监管措施，切实防范资本杠杆率过高积累的风险。2012年4月，保监会正式启动了第二代偿付能力监管体系建设工作，计划用3~5年的时间建成既与国际接轨又符合中国实际，以风险为导向的偿付能力监管制度体系，实现资本监管的全面升级。早在2008年，保监会就逐渐转变监管思路，将重点放在风险控制与偿付能力监管上。2008年7月召开的全国保险监督工作会议上，吴定富首次披露了12家保险公司出现不同程度的偿付能力不足风险，并将偿付能力不足风险列为四大风险之首。这标志着监管部门对资本充足性的关注提升到一个新的阶段。2009年，陈文辉在财经年会上指出，强化资本管理是保险业转变发展方式的关键。2010年上半年的保险监管工作会议上，吴定富表示，要发挥偿付能力监管在防范风险中的核心作用，不断健全偿付能力监管制度，加强对偿付能力不达标公司的预警和处置，切实强化资本和偿付能力的刚性约束。偿付能力不足、资本金短缺问题已经成为保险监管机构的核心监管内容之一，几乎所有重大会议都有加强偿付能力监管的表述，而这对于产险业来说，就是要强化资本管理，保证资本规模的适当性。

虽然市场对后金融危机时代的监管更趋审慎早有预期，但监管导向的变化，还是使行业内资本金不足的矛盾凸显。偿付能力监管的不断加强成为各产险公司纷纷增加资本金的外在驱动力量，它引导和督促公司资本管理的严格化和精细化，使保证资本的最优规模成为各产险公司面临的一个重要且迫切的任务。

（三）我国产险公司融资渠道少

产险公司补充资本的渠道主要包括增资扩股、发行次级债、上市融资、利润转增以及财务再保险等。目前我国产险公司主要采用前三种方式。

增资扩股融资最简单、最直接、成本低、审批快，是提高偿付能力的重要途径。当然有些股东出资是出于投机目的，有些股东本身的资金周转就存在问题，这可能导致产险公司增资扩股困难重重。

发行次级债也是产险公司增资的渠道之一，它为公司补充资本提供了重要支持。虽然发行次级债是快速补充资本金的一种便捷方式，但是它也存在严重的不足。一方面，产险公司的次级债融资额度受公司净资产限制，它们不能无限制的发债融资；另一方面，次级债只在一定时期内掩盖了公司资本匮乏的状况，并没有在根本上改良整体资产，当次级债务到期需要偿付时，产险公司的资本将急剧下降，偿付能力不足问题可能再度显现。

产险公司通过上市融资能够募集到大量资金，而且永久性占有，这不失为一种最优的发展战略选择，但是我国目前经营产险业务的公司中只有中国人民财产保险股份有限公司、中国太平洋保险（集团）股份有限公司和中国平安保险（集团）股份有限公司三家公司上市。同样，在当前产险业高速扩张时期，利润转增这种补充资本金的方式似乎也不太现实。因为对于许多快速发展的中小型公司来说，增开分支机构、增加渠道等前期都需要大量的投入，实现盈利很不容易。另外，虽然国内已有产险公司开始关注财务再保险这一补充偿付能力的新方式，但目前还处于探索阶段。

整体而言，当前我国产险公司主要靠增资扩股和发行次级债融资，融资渠道相对较少。在这一背景下，管理者需要选择适当的增资方式，筹集适度的资本规模，才能满足公司各方面发展的需要。

三、研究意义

产险公司是以负债为基础经营的金融机构，风险的客观存在使得公司必须持有适当的资本。资本是产险公司得以继续生存和持续发展的基础，产险公司业务的维持、赔付的承担、机构的扩张、市场份额的增加无一不以资本的存在为前提。但是由于我国产险业发展时间短、技术水平落后，产险公司对资本管理的重视不足。随着业务的高速膨胀和保费规模的迅猛增加，偿付能力不足现象频现，增资热潮逐渐白炽化，我国产险业面临前所未有的融资压力。资本管理问题成为制约产险公司发展的重要因素之一，而最优资本规模的确定则是资本管理问题的一个核心内容。本书的研究意义主要基于以下几个方面：

（一）揭示当前资本管理中存在的问题

本书通过实证分析阐明了我国产险业资本管理的现状。理论研究源于实践应用，只有揭示产险业发展过程中存在的问题，找出其中隐藏的弊病，对其进行总结提炼，得出实践中的成功经验和失败教训，才能进一步指导实践，分析解决策略和发展路径，推动我国产险业的发展。

偿付能力监管规定要求产险公司必须持有与风险和规模相适应的资本，基于这一原则，通过对资本和风险的联立分析，本书得到当前产险公司资本管理的不足，并分析了其产生根源和应对策略，这为产险公司加强资本管理、提高偿付能力水平提供必要的指导和借鉴，同时也为保险监督部门制定新的监管措施提供参考。在此基础上，指出了研究产险公司最优资本规模的重要价值。

（二）丰富理论研究体系

虽然保险监管部门多次强调要求产险公司加强资本管理，并且资本管理也的确是产险公司当前面临的一个亟待解决的问题，但是产险公司的资本管理理论与产险业的迫切需求相比，还处于相对落后的位置的结论。关于产险公司的资本管理理论研究体系尚未建立，相关的研究成果很少，理论研究还处于初级阶段。

资本对于产险公司的生存和发展是生死攸关的，同时，资本管理也是产险公司管理的重要环节，依次类推不难得出资本管理理论在保险理论中具有不可替代的位置的结论，资本管理理论应该是保险理论不可分割的关键组成部分。因此，对产险公司资本管理理论中最优资本规模的研究完善了保险理论的研究框架，丰富了保险学的研究体系，为未来学者的进一步探索奠定基础。

（三）提高资本管理水平

本书的研究有助于加强公司的资本管理意识，提高产险公司对资本管理的认识，提高资本的使用效率并降低融资成本。从实践的角度，本书对产险业的整体发展现状作了综合分析，然后通过产险公司经营数据作实证分析，研究了产险业资本和风险的相互作用机制及其影响因素，这些有利于产险公司认清当前产险业资本管理中的缺陷和不足，在整体宏观经济运作背景下不断提高资本管理水平，调整发展战略，转变增长方式。从理论的角度，本书将多目标规划理论应用于产险公司的资本管理中以确定最优的资本规模，有效地提高了产险公司的资本管理水平，为产险公司在纷繁芜杂的经济环境下实现快速稳定发展提供重要指导。一方面，产险公司的经营不能违背价值最大化的终极目标，另一方面，产险公司是以负债为基础经营的金融机构，这就意味着要时刻防范投资、承保等运营风险。此外，产险公司还要控制资本成本，防止资源浪费，同时还要满足监管约束。本书在资本管理中综合考虑这些因素来确定最优资本规模，从而防止公司追求单一目标造成的发展困境，提高了产险公司资本管理的有效性和全面性。

第二节 产险公司资本理论文献综述

资本问题在实务界的备受瞩目使得其在理论界也影响深远。现阶段，国内外学者对产险公司资本的研究主要集中于两个领域：经济资本和最优资本规模。

一、国外研究综述

（一）经济资本研究

经济资本是给定置信区间下，用于弥补给定时间内资产价值与其他头寸价值潜在损失的金额，最早由监管者作为一种风险管理工具引入，主要是为了满足监管机构的安全性要求，欧洲偿付能力监管标准Ⅱ（solvencyⅡ）和美国风险资本监管体系是经济资本方法在产险业应用和发展的原动力。

随后，经济资本逐渐被管理者用于保险公司内部的风险管理中，目前它已经成为全球保险业全面风险管理的主流方法和核心机制①。

经济资本管理已经在学术界引起了广泛关注。研究的热点主要是经济资本的配置问题。LeMaire（1984）和 Denault（2001）从博弈论的角度考虑了资本配置，并采用成本函数来测度风险；Merton 和 Perold（1993）提出了宏观边际资本配置方法（MP 模型）；Myers 和 Read（1999，2001）对 MP 模型进行了拓展，他们利用违约边际价值建立以期权定价模型为基础的资本配置方法（MR 模型）；Ruhm 和 Mango（2003）在 MR 模型的基础上，提出了一种基于条件概率衡量风险资本和组合风险的资本配置方法（RMK 方法）；Bodoff（2007）创造性地发展了百分层资本配置方法，它考虑了损失事件的全部范围，且根据损失情景发生的可能性大小配置资本数量；Kim 和 Hardy（2008）基于偿付能力交换期权分析产险公司的资本配置；Dhaene（2011）则从最优化的角度考察这一问题，要求单位损失偏差的加权总和达到最小。这些方法从不同的技术层面和应用层面研究了产险公司的资本配置，大大丰富了经济资本的研究体系。Cummins（2000）和 Venter（2004）对相关的资本配置策略进行了概括和评述，比较分析得到它们的优点和劣势。虽然这些方法不可避免地存在各种不足，但公司或者监管机构可以综合采用不同的策略，扬长避短，全方位、多角度考察产险公司的资本配置，最大程度保障产险公司的安全运营。由于本书的研究重点是最优资本，因此，这里不再对经济资本理论详细论述。

（二）最优资本规模的存在性

经济资本的研究主要是在既定的险种和资产结构、公司规模基础上，探索某种标准下需要的资本额度。与其不同，最优资本规模的研究是从公司整体出发，探索资本与影响公司行为的一系列因素之间的关系。资本结构理论中，具有里程碑意义的经典著作是 Modigliani 和 Miller（1958），他们研究得到了著名的 MM 不相关定理：在完备市场中，资本结构作为风险管理不可分割的组成部分，与公司价值之间是独立的关系，即资本持有额不会影响价值目标。以该理论为起点，后人逐渐放松其假定条件，依次引入企业所得税、破产成本、个人所得税、代理成本、稳定因素和风险成本、非对称信息等，对最优资本结构的决定因素进行了逐步分析。

---

① 韬睿（Towprs Perrin）咨询公司 2006 年的专项调研表明，在接受调研的 200 家全球保险机构中，已经计算经济资本的公司占 65%，在一年内计划实施经济资本的公司占 19%。

一般企业关于最优资本规模存在性的争论主要来源于现代资本结构理论中权衡理论和优序融资理论的分歧。权衡理论认为,企业管理者需要从公司收益和资本成本之间作出取舍,二者之间的权衡为最优资本结构的存在提供了合理性。而优序融资理论则认为公司需要按照内部资本、债券、股票的顺序依次融资,不存在最优的资本结构。虽然优序融资理论有许多可取之处,但是目前权衡理论已经占据优势地位。因此,许多研究针对企业的最优资本展开探讨。

不同于一般企业,产险公司作为以负债经营为基础的金融机构,具有自身的特征。保单持有人对产险公司的破产风险异常敏感,资本持有过低会减少保险需求或者降低保险产品价格,进而影响公司的经营利润。因此,对于产险公司,还需要从定价方面考虑最优资本问题。以下从税负规避与破产成本的冲突性、保险价格对违约风险的敏感性、资本的摩擦成本之间的矛盾性三个角度对现有文献进行评述。

1. 税负规避与破产成本的冲突性

在考虑企业所得税的条件下,Modigliani 和 Miller(1963)对 MM 不相关定理进行了修正。他们指出,由于负债具有税蔽利益,企业价值会随着负债水平的增加而提高。自这一理论产生以来,基于企业所得税的资本结构理论成为学者们关注和争论的焦点。由于资本结构的形成和变化受诸多因素影响,并且企业所得税制度也因不同国家而异,因此企业所得税与资本结构之间关系的经验研究,至今仍没有得到一致的结论(Givoly 等,1992)。

产险公司中企业所得税与资本结构的研究起步较晚。Biger 和 Kahane(1978)在不存在税收和风险的条件下发现,公平保费、承保利润均与盈余资本之间是独立的关系,验证了 MM 不相关定理在产险业的适用性。税收对于产险公司经营重要性的关注,最早可以追溯到 Brennan(1975)关于 Quirin 和 Waters(1975)研究的点评。他指出,期望承保损失之所以低于预期,是因为产险公司需要承担投资收入所得税。受此启发,一系列关于产险公司税收与利润的研究开始出现。Hill(1979)发现利润与资本的独立关系是存在条件的。Fairley(1979)、Hill 和 Modigliani(1987)评估了税率对于承保利润的影响。Kraus 和 Ross(1982)首次将企业所得税体现在保费定价中,他认为因为股东期望得到税前投资收入和承保利润来最大化收益,所以税收必须由保单持有人承担。虽然名义上产险公司承担税收,但是长期而言,税收成本逐渐向保单持有人转移(Derrig,1994;Myers & Cohn，1987；Doherty 和 Garven，1986）。这种转移趋势会产生两方面的影响，一方面会大大提高保险价格（Myers 和 Cohn，1987），进而降低保险需求，或者因为需要维持既定的风险水平而提高资本要求（Gatzert 和 Schmeiser，2008）；另一方面将会导致再保费大幅增加，因为巨灾保险需要大量的资本支持（Harrington 等，1995；Harrington，1997；Jaffe 和 Russell，1997；Myers，1999）。根据 Harrington 和 Niehaus（2003）的研究，在这种情况下，产险公司提供再保险需要的高资本将转化为原保险人的高税收成本，产险公司甚至需要支付高于两倍的承保范围内的期望损失来购买再保险。

可见，除了有一般企业的税蔽利益外，产险公司的负债性、高风险特征也要求产险公司不能持有过多资本。但是，持有过少资本容易引发破产危机，减弱资本发挥应对非预期损失的功用，不利于公司的稳定经营。基于此，税蔽利益与破产惩罚之间的冲突导致了最优资本规模的存在。

2. 保险价格对资本结构的敏感性

长期以来，产险业一直采用传统的精算方法定价，将其他金融定价方法严格排除在外。直到 20 世纪 70 年代，学者们才开始研究如何用金融定价模型解决保险定价问题（Cooper，1974；Biger 和 Kahane，1978；Fairley，1979；Hill，1979）。关于保险价格与产险公司资本结构的研究主要产生了两种不同的观点。其一是承保周期理论。在标准的保险产品无套利定价模型中（Kraus 和 Ross，1982；Myers 和 Cohn，1987），保险价格是期望损失和费用关于市场风险和税收调整的结果，只是反映了相对于风险的合理回报，与资本无关。但是这不能解释保险产品不公平定价问题。基于此，Gron（1989，1994）和 Winter（1994）完善了无套利定价模型，提出承保能力约束理论（Capacity Constraint Theory）。因为产险公司不能完全分散风险，因此必须持有资本以应对非预期损失。受风险规避的保单持有人和监管机构的约束，产险公司必须根据承保能力选择供给。同时，因为资本是稀缺的资源，公司维持既定的资本来保证承保能力的稳定性比较困难。所以，价格会随着承保能力或者资本的变化而变化。当资本充足时，承保能力强，保险供给多，产品价格下降；当资本不足时，承保能力差，产品供给不足，价格提高。可见，在承保能力约束理论下，价格与资本之间是反向关系。

由于承保周期理论以产险公司不存在违约风险为前提，而且也不能解释美国20世纪80年代的负债危机（Winter，1994），因此，引起了广大学者的质疑。Doherty和Garven（1986）、Cummins（1988）认为保险定价类似于企业的风险债券，价格应该反映存在偿付能力风险下的期望损失，所以资本与产品价格之间是正向变动关系。Sommer（1996）通过142家产险公司的面板数据首次证明了价格与违约风险之间的负相关性，为Cummins（1988）的结论提供了有力支撑。Phillips等（1998）也通过实证分析发现，产险公司会因为违约风险的增加而受到降低价格的"惩罚"。具体而言，对于长尾业务，价格的变动是违约风险经济价值变动额的10倍，短尾业务则达到20倍。由此可见，在保单持有者关注公司财务质量的条件下，资本增加能够减少违约风险，但同时产品价格也会提高（Cagle和Harrington，1995）。换言之，资本的增加能够增强保单持有者的安全保障，然而以增加保费附加为前提（Taylor，1995）。但是，Merton和Perold（1993）、Myers和Read（2001）均指出，由于代理成本、信息不对称成本和税收成本的存在，资本是一种昂贵的资源。资本增加会同时导致资本成本提高，进而造成公司价值降低。Zanjani（2002）也发现了巨灾保险中资本成本对保险价格的重要影响，当资本相对于保费比较充足时，即使单位资本成本较小的变化也会对价格造成显著影响。基于此，Cummins（1996）、Cummins和Danzon（1997）指出，由于保险价格对资本结构的敏感性，产险公司中必然存在最优资本结构。

3. 资本的摩擦成本之间的矛盾性

资本的摩擦成本不同于资本的成本，资本的成本（The Cost of Capital）是指资本的回报率，而资本的摩擦成本则是指持有资本所产生的一系列成本，经常被称为权益成本（Surplus Cost）（Myers和Read，2001）或者风险管理成本（Risk Management Cost）（Cummins等，2000）。Hancock等（2001）、Estrella（2004）、Perold（2005）等将资本的摩擦成本分为持有资本的成本和财务困境成本，其中持有资本的成本包括代理成本、税收成本等。Sherris（2005）对摩擦成本进行了细分，他认为摩擦成本包括双重税收成本，增加资本时的融资成本，承保产生的道德风险和逆向选择成本，管理者津贴等代理成本，包括法律成本和损失新业务价值在内的、融资困境或者偿付能力不足导致的成本等。对于税收成本，Taylor（1994）指出，产险公司存在两种企业所得税，一种是承保收益所得税；另一种是投资收益所得税，它们的税率可能是不同的。Andrade和Kaplan（1998）对财务困境成本进行了度量，他们研究了31家因为出现财务困境而进行高融资交易的产险公司发现，平均财务困境成本是公司价值的10%，而公司可接受的最高财务困境成本为23%。

资本的摩擦成本对于资本结构具有重要影响。Buser 等（1981）指出，只有市场偿付能力激励是不够的，显性或者隐形的成本监管使得产险公司权衡负债和风险，导致了真实的基于风险的资本标准。Cummins 和 Phillips（2005）发现，影响资本结构的因素导致股东要求更高的资本回报率。他对此作出解释，认为摩擦成本对于资本结构具有重要影响。Perold（2005）强调了金融机构特殊性：消费者高度关注违约风险，并且经营的过程透明性很差。因此，必须高度重视这些金融机构的代理成本，它与公司业务价值是反相关的。Smith 等（2003）认为保单持有者对于公司信用的高度敏感性，因此必须高度重视财务困境成本。但是，这些摩擦成本之间并不是一致的，产险公司的代理成本是关于资本的增函数，财务困境成则与违约风险相关（Zhang, 2006；Estrella, 2004；Perold, 2005；Chandra 和 Sherris, 2005）。因此，资本越多，违约风险越小，财务困境成本越低，其他成本则越高，如代理成本、税收成本等。基于此，Sherris（2005）、Yow 和 Sherris（2008）指出，存在最优的资本结构使资本的摩擦成本最小化，从而最大化公司价值。

（三）最优资本与公司行为

在早期的保险模型中，都是将资本视为外生变量，或者由监管机构决定，或者由市场约束决定（Myers 和 Cohn, 1981）。但是，伴随着产险业的发展，资本并不是一成不变的，当外界环境或者内部需求发生变化时，资本也随之而改变。基于前述分析，无论从税负规避与破产成本的冲突性，还是从保险价格对资本结构的敏感性，还是从资本的摩擦成本之间的矛盾性考虑，产险公司的最优资本都是存在的。因此，许多学者便将保险资本内生化，研究资本与公司行为的联合最优问题。

已有的研究主要关于公司行为的两个方面：一是最优资本与资产配置，二是最优资本与产品定价。当然，有的针对两者之一进行研究，有的将其结合同时研究，有的则包含了其他因素，如再保险决策。无论这些研究是从单个产险公司的角度，还是从保险市场的角度，它们基本上都是基于单个目标展开讨论的。下面对已有主要文献作简单评述。

有些研究是从消费者的角度，以消费者的效用最大化为目标来对保险产品定价，确定产险公司的最优资本（Turner, 1981；Taylor, 1995；Sherris

和 Studies，2003；Ibragimov 等，2008）。Taylor（1995）将资本内生化，以个体消费者关于终期财富和消费水平的效用为目标，建立了涵盖保险价格、股票、不动产、保单、消费者偏好以及资本的单期经济均衡模型。他认为，资本的增加能够增强保单持有者的安全保障，但是以增加保费附加为前提，因此有必要在整个经济体系中研究均衡资本。在没有产险公司进出保险市场、产险公司的无差异性和消费者的信息完全性假设下，只有当消费者具有多样化的风险规避因子时，才存在均衡资本，并且均衡资本依赖于风险规避多样化的程度。同时，均衡资本与公司风险也直接相关，而且还受市场条件、公司规模以及消费者偏好的影响。他进一步指出，均衡资本对均衡价格产生重要影响。Sherris 和 Studies（2003）将摩擦成本引入 Taylor（1995）的模型中，指出了最优资本结构的存在性。Ibragimov 等（2008）研究了产险公司有限负债、资本存在摩擦成本和市场完全竞争时的最优的险种选择和资本持有问题。他们认为，保险产品价格和产险公司的资本依赖于投保人的偏好，因此，通过最大化消费者的期望效用得到最优的资本额和产品价格。在假定产险公司违约造成损失按照事后、比例分配原则的基础上，他们得到了产险公司提供多险种还是单险种条件：当风险之间独立时宜提供多险种，当风险不对称并且相关性强时应该提供单险种。

多数研究从产险公司的角度，以产险公司的价值（Froot，2007；Froot 和 Stein，1998）最大化为目标研究资本与公司行为。Klein 等（2002）在保险监管机构福利和产险公司价值最大化的目标下，研究了价格管制对资本结构的影响。结果显示，相对于不受价格管制的产险公司，受价格监管的公司持有的资本较少，并且监管越严格，公司持有的负债率会越高。Froot（2007）在 Froot 和 Stein（1998）基础上，通过增加不完全的产品市场，以价值最大化为目标，在不完全的资本市场和理性的保单持有者的前提下，建立了包含最优资本规模、再保险、承保和投资策略的三期选择模型。结果显示，产品市场的存在增加了资本市场的扭曲，并促使产险公司偏向于风险规避和持有更多资本，以最大化公司价值。Hardelin 和 Forges（2009）在 Froot（2007）的基础上，从公司价值最大化的角度出发，考虑了寡头市场上的资本选择与价格竞争。在昂贵的外部资本假定条件下，各产险公司在第一阶段选择资本持有，在第二阶段展开价格竞争。研究发现，在允许产险公司按照公司的内定机制增加资本的条件下，当扩张市场份额时，产险公司将面临高期望财富与高风险之间的权衡，并且资本成本和初始财富对均衡价格存在直接的影响。该研究对于产险公司和监管部门均具有重要的启示,在第一阶段固定资本水平能够减少各产险公司之间均衡价格的差异,这可能会提高社会福利。Yow 和 Sherris(2008)阐明了资本和定价策略对于产险公司实现价值最大化的重要性。他们在 Zanjani(2002)以及 Panning(2006)的基础上,通过假定资本成本的昂贵性需求弹性的不完全性来最大化企业价值增值,进而得到最优资本。该研究发现,最优资本受资本成本的影响很大,而且随着资本成本的变化而变化。Cummins 和 Danzon(1997)通过最大化产险公司的价值增值,将理论研究与实证分析相结合,研究了美国负债危机时的保险价格与资本结构问题。结果显示,价格与资本呈现正向变动关系,融资决策中外部资本成本大于内部资本成本,损失冲击会增加保险需求并促使产险公司增加资本。Laeven 和 Perotti(2010)在一个产险公司、一个股东、一个保户以及不变目标资本率的简单假设下,建立了动态最优化微观经济学模型,分析了特许权价值最大化下的最优资本结构问题。一方面,资本增加导致资本成本增加,减少公司价值;另一方面,资本增加,提高偿付能力水平,增加保费收入,导致公司价值提高,该模型在这两者之间寻找均衡资本。研究表明,权益资本的作用是保证损失在最大程度上得以赔付,而不是保证公司的生存率。产险公司减少资本持有,是因为持有资本和融资的成本是巨大的。

部分学者是从产险公司的期望利润(Zanjani,2002;Mao 和 Ostaszewski,2010)出发进行研究。Zanjani(2002)考虑了不同类型的消费者的需求和效用,并将保险市场作相应的划分。同时,他将资本成本分为两种,一种是摩擦成本部分,另一种是风险成本部分,在最大化产险公司期望利润的目标下,研究了产品价格和资本持有的相关关系。结果显示,给产险公司带来严重的外部经济效应的消费者将受到"惩罚",这种惩罚反映在更高的边际资本需求上。换言之,消费者关注产险公司的财务质量时,他们对资本的高需求,导致价格高于一般的"看似"公平的水平。Mao 和 Ostaszewski(2010)通过最大化产险公司的净期望利润,得到最优的资本持有水平。他们指出,承保风险较大时,持有资本是应对承保风险和偿付能力风险并提高利润的最有效的方式。

还有一部分研究则是从资本成本的角度,对最优资本进行决策。Chandra 和 Sherris(2005)在 Estrella(2004)的基础上,以产险公司中持有资本成本最小化为目标得到了均衡财务困境成本和摩擦成本的最优资本规模。这表明,对摩擦成本进行有效管理是维持产险公司健康持续发展的重要举措。Zhang(2006)通过拓展 MM 定理,在无套利定价模型下,将产险公司的价值最大化问题归结于资本成本最小化问题。值得一提的是,Chandra 和 Sherris(2005)与 Zhang(2006)得到的最优资本额是一致的,都是关于边际资本成本的比值。

基于前述分析,由于可以从产险公司的破产风险、持有资本的摩擦成本、产品价格、消费者的风险敏感性等多个角度来分析产险公司最优资本的存在性,因而相应地,寻求最优资本和其他公司行为时,就出现了不同的决策标准和依据,而现有的研究主要针对于产险公司或者消费者的某一方面,这难免有失偏颇,不利于产险公司的全面协调持续发展。

二、国内研究现状

国内关于产险公司资本的研究尚处于起步阶段,并且相对而言,国内对于寿险公司资本的研究进展(张勇,2008;卓志、刘芳,2004;徐华,2005)要快于非寿险公司。目前,关于非寿险公司的资本问题主要集中于两个方面:经济资本和资本结构与最优资本问题,而对最优资本的研究则很少。

(一)经济资本

从国际发展趋势看,传统的风险管理模式已经不能适应产险公司发展的需要,产险公司希望在满足保险监管部门的最低资本要求条件下,能够根据自身的风险特征来评估公司需要持有的资本水平,这促使经济资本方法在保险界快速应用与发展,经济资本管理已经成为国际产险业风险与资本管理领域的核心工具。然而,我国产险公司关于经济资本的研究刚刚起步,其实际应用更是处于探索阶段。

产险公司经营的特殊性决定了产险公司要实施经济资本管理。经济资本管理体系核心是准确计量风险、优化资本配置,当前国内学者只是针对产险公司风险的某一方面进行经济资本研究。田玲、张岳(2010)利用 GARCH 模型度量了产险公司投资业务需要的经济资本,并证明利用经济资本可以优化产险公司的资本配置。在承保方面,张琳、谭跃进(2006)借助回归模型预测法与 VaR 方法,得到了承保业务需要的风险资本。关于经济资本在不同业务线之间配置，主要有TVaR方法、RAROC方法和百分层法。陈迪红、戴志良等（2009）选择TVaR资本配置方法，探讨了产险公司在资本和收益双重约束条件下的承保决策问题，并指出，从资本的角度做出承保决策的可行性。陈迪红等（2008）和陈迪红、林晓亮（2008）以及沈卓君、许学军（2010）主要从风险调整后的资本收益率（RAROC）角度考察了经济资本的配置问题。陈迪红、冯慧慧（2010）则根据百分层资本配置模型思想，研究了Pareto和广义Pareto损失分布下的百分层资本配置方法。对不同业务需要的资本进行整合时，并不是将各个业务需要的资本简单相加，而是要考虑不同业务之间的关系。鲁昌荣、孙华等（2009）和占梦雅、吴述金（2010）指出t-Copula函数能较好的拟合承保业务的风险相依性，并以其为基础得到总经济资本的水平。

（二）资本结构与最优资本问题

关于产险公司的资本结构，国内学者从不同的角度进行了分析。首先，对于我国非寿险业资本结构的合理性和资本的使用效率问题，徐华、周游（2008）研究发现，我国非寿险业各年的实际资本结构均高于最优资本结构，而且实际资本结构与最优资本结构的差距越大，产险公司的效率越低，即非最优的资本结构产生了效率的损失。赵桂芹、王上文（2008）基于资本结构理论，采用结构方程模型探讨了产险公司资本结构与承保风险对获利能力的影响。研究发现，资本结构对我国产险公司的盈利能力有正反两方面的影响，资本结构与风险则是相互影响的。具体来说，当忽略风险时，资产负债率的提高会增强获利能力；但事实上，随着资产负债率的提高，当承保风险加大，会对获利能力产生负向影响。因此，产险公司在改善资本结构的同时，需要控制风险，以提高产险公司的长期获利能力。赵桂芹（2009）利用数据包络分析（DEA）方法，考察了决定公司资本投入程度的重要影响因素以及实际资本投入对最优资本投入的偏离程度对公司经营绩效的影响。结果表明，样本期间内产险业资本投入是过度的，对公司权益报酬率以及收入效率都产生了显著负向影响。因而，产险公司在增加资本金满足偿付能力要求的同时，还要努力提高资本的投入效率。

其次，许多学者强调了资本结构对于产险公司生存和发展的重要性，并提出了保证资本充足性的一些措施。李莎、王韦等（2009）指出，产险公司特殊的融资特点使得公司的资本结构尤为重要，提出从政府监管和企业自律两个方面来提高资本的充足率。王化楠（2010）分析了资本对于企业的重要性和成本的昂贵性，指出产险公司需要从单纯对承保业务的管理，逐渐过渡到对资本的有效管理。他着力探讨了中小财险公司的资本基础对其战略规划的制约以及中小财险公司未来可能的发展思路。蔡颖（2010）认为，目前我国保险企业仍难以做到从优化资本结构的高度来主动规划再融资行为。所以，随着业务的快速发展，国内产险公司一方面要调整业务结构，大力发展资本占用少的业务；另一方面要从优化资本结构的战略高度做好再融资规划。

最后，关于产险公司的最优资本，高志强、张梦琳（2009）在考虑破产的情况下，以产险公司的价值最大化为目标，得到产险公司最优的资本持有额。研究进一步发现，保费、费用、资本的机会成本、委托代理成本都对产险公司的最优资本和公司价值产生重要影响。

可见，国内关于产险公司资本的研究远远落后于国际上的研究。国内现有的研究主要存在以下不足：第一，虽然一些学者对最优资本结构以及资本结构的影响因素进行初步研究，但是这些研究不够全面。一方面，保险监管部门制定了保证产险公司资本充足率的偿付能力监管政策，但是已有研究尚未验证这些监管措施在产险公司的资本充足性和风险控制中的效用。另一方面，资本的存在主要是为了应对非预期损失，它与产险公司的风险规模是对应的，但是关于产险公司的资本、风险变动的相互作用机制以及其他因素对它们的影响目前还不清楚。第二，关于产险公司最优资本规模的研究，高志强、张梦琳（2009）从价值最大化的单目标角度进行了分析。产险公司的多个发展目标使得它不能仅根据某一标准来选择资本规模，而是应该多角度、全方位进行多目标决策，综合考虑产险公司的不同发展阶段和发展目标。

第三节　研究框架

一、研究思路

当前我国产险业处于高速发展的阶段，保费规模的迅速增加和分支机构的不断扩张对资本产生大量消耗，产险业掀起了一股持续性的增资热潮。通过引入并应用研究银行业资本和风险关系的经典模型——局部联立调整模型，对我国产险公司的资本管理现状进行分析，发现当前各产险公司必须加强融资的积极性和规划性，否则很容易出现偿付能力不足。于是如何确定最优的融资额度或者最优资本规模便成为各公司管理者面临的一个重要问题。

资本是企业得以生存的基础，对于产险公司而言尤其如此。产险公司通过集中并管理风险来实现盈利，这种高负债性和风险积聚性要求公司必须具有充足的资本，以应对不可预期的损失。同时，由于产险公司承担着保障广大消费者利益、关系国计民生的重要责任，因而必然会受到政府部门的高度监管，监管机构要求产险公司持有资本到一定额度。但是，资本是一种昂贵的资源，资本规模需要与产险公司价值最大化的企业理念相匹配。因此，产险公司不会持有过多的资本，因为会造成资源浪费并且损害公司股东的利益。由此可见，产险公司在经营过程中必须持有适当的资本规模或者资本规模可行范围，来较好地权衡产险公司、消费者以及监管部门三方的关系，既满足监管机构最低偿付能力的要求，又不会损害公司股东的利益，还能够尽可能地满足投保人的赔付要求。

为了得到平衡多方利益的最优资本规模，有必要将运筹学中的多目标规划理论引入研究框架中。于是，产险公司的最优资本规模决策问题就转化为基于监管约束的产险公司的多目标规划问题，而其中的难点就是目标和约束条件的设定。虽然产险公司经营的最终目标是实现价值最大化，但是，由于市场摩擦、信息不对称等外部经济效应的存在，不同发展阶段、企业文化、战略规划下，公司的具体发展目标是不同的，或者发展的侧重点不同。同时，由于产险公司一直处于动态的发展过程中，产险公司选择资本的同时，还要对资产进行配置，也要对保费规模做出规划，而这些决策变量之间是密切相关的。所以，产险公司的多目标规划问题涉及的可能不止一个决策变量。也就是说，产险公司需要在当前的多个发展目标指导下，对资本、资金运用或者保费规模中的一个或者多个问题进行决策。

围绕上述逻辑思路，本书对产险公司的最优资本规模问题展开研究。主题研究框架如图1.1所示。

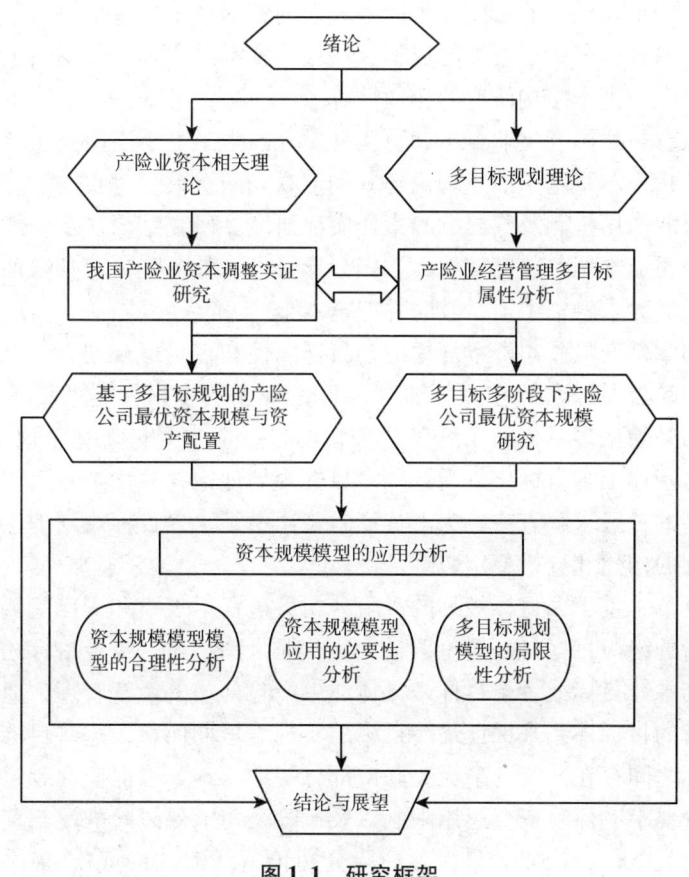

```
                    ┌─────────┐
                    │  绪论   │
                    └────┬────┘
           ┌─────────────┴─────────────┐
    ┌──────┴──────┐             ┌──────┴──────┐
    │产险业资本相关│             │多目标规划理论│
    │    理论     │             │             │
    └──────┬──────┘             └──────┬──────┘
    ┌──────┴──────┐             ┌──────┴──────┐
    │我国产险业资本│◄───────────►│产险业经营管理│
    │ 调整实证研究 │             │多目标属性分析│
    └──────┬──────┘             └──────┬──────┘
    ┌──────┴──────┐             ┌──────┴──────┐
    │基于多目标规划│             │多目标多阶段下│
    │的产险公司最优│             │产险公司最优资│
    │资本规模与资产│             │本规模研究    │
    │    配置     │             │             │
    └──────┬──────┘             └──────┬──────┘
           └─────────────┬─────────────┘
                        ▼
            ┌───────────────────────┐
            │  资本规模模型的应用分析 │
            │ ┌────┐ ┌────┐ ┌────┐ │
            │ │资本│ │资本│ │多目│ │
            │ │规模│ │规模│ │标规│ │
            │ │模型│ │模型│ │划模│ │
            │ │的合│ │应用│ │型的│ │
            │ │理性│ │的必│ │局限│ │
            │ │分析│ │要性│ │性分│ │
            │ │    │ │分析│ │析  │ │
            │ └────┘ └────┘ └────┘ │
            └───────────┬───────────┘
                        ▼
                ┌───────────────┐
                │  结论与展望   │
                └───────────────┘
```

图 1.1　研究框架

二、研究内容

根据当前的研究进展，本书分七章内容对我国产险公司资本问题展开实证研究和理论分析，具体内容如下：

第一章是绪论。本章首先阐述了研究背景，提出了研究问题，指出了研究的理论意义与现实意义。之后对目前产险公司资本管理的研究热点：经济资本和最优资本规模问题进行了系统梳理和总结评述。在已有研究成果的基础上，提出了本书的研究思路、研究内容和研究方法，并勾勒出整体的研究框架。最后，总结了全书的研究创新点和不足之处。

第二章是产险业资本相关理论。本章首先对资本作了概述，指出产险公司资本的重要性，然后阐述了产险公司的资本理论，包括总结了资本管理理论的内容，分析了资本的成本，梳理了资本结构理论，阐明了最优资本规模研究与资本结构研究的相通性等。

第三章是我国产险业资本调整实证研究。为了分析当前我国产险业资本管理现状，本章基于前述理论建立局部联立调整模型对我国产险公司资本和风险的作用机制及其影响因素作实证研究。研究结果显示，偿付能力充足的公司资本调整速度较快，在当前形势下，各产险公司必须加强资本管理，积极寻求融资渠道，及时补充资本金。

第四章是产险公司资本规模的多目标属性和多目标规划理论。本章分别针对产险公司经营的多目标属性和资本规模的多目标属性作了详细分析，指出必须从多目标的角度确定公司的最优资本规模。基于这一思想，本章随后阐述了多目标决策问题和多目标规划理论，并详细介绍了多目标规划模型的一般求解方法，为下文产险公司中基于多目标规划理论的资本规模模型的构建和分析奠定数理基础。

第五章是基于多目标规划的产险公司最优资本规模和资产配置。产险公司经营的终极目标是公司价值最大化，但是围绕这一终极目标还需要制定一系列中介目标或者子目标来具体约束产险公司的经营管理，通过一套相对完备的目标体系来保证最终目标的实现。短期而言，这些目标可能与最终目标之间存在冲突、毫无关联或部分一致。本章以保监会制定的偿付能力监管要求、保险资金运用限制以及产险公司承保风险的尾部期望损失限制为约束条件，构建了最大化产险公司价值增值（EVA）、最小化保险资金投资风险、最小化资本的摩擦成本和融资压力成本的多目标模型。产险公司中不同险种业务的损失是随机的，而且彼此之间并非独立的关系，因此需要引入 Copula 函数来生成模型中需要的不同分位点上的随机损失。最后，本章采用评价函数法得到了最优的资本规模和资产决策，并将这一结果与公司的实际经营情况进行了比较，结果显示，基于多目标规划理论的资本管理和资产配置策略能够同时实现产险公司的多个经营目标，有效地改善了公司的经营管理现状。

第六章是多目标多阶段下的产险公司最优资本规模。本章研究的是在产险公司保费增长和资产投资收益基本稳定的条件下，只针对资本规模的单阶段和多阶段最优决策问题。与第五章模型类似，这里仍然是以保险监管部门制定的偿付能力监管要求和产险公司承保风险的尾部期望损失限制为约束条件，建立最大化经风险调整的资本回报率（RAROC）和最小化资本成本为目标的资本规模管理模型。通过数理推导，得到了最优资本规模的解析解，并进一步将单阶段模型推广至多阶段。由于各产险业务损失的随机性，因此仍然引入 Copula 函数来模拟损失。最后，本章以某产险公司的现行经营数据为例，对最优结果作了模拟分析，并针对不同因素的变化进行了比较静态分析。

第七章是基于多目标规划的资本规模模型应用分析。本章首先通过建立基于产险公司的面板数据实证模型，验证了基于多目标规划的资本规模模型最优决策结果的合理性。然后通过分析不同阶段产险公司经营指标的变化，阐明了现阶段应用多目标资本规模模型的必要性。最后，本章指出了多目标规划模型应用的局限性和需要注意的问题，包括多目标权重或者优先级选择等，为多目标规划模型在产险公司经营管理中的应用提供指导。

第八章是结论与展望，是对全书的总结和概括，给出了全书的研究结论。

三、研究方法

本书以产险公司的资本为主要研究对象，在洞悉我国产险公司资本管理现状的基础上，基于已有的产险公司资本理论和多目标规划理论，试图构建能够确定最优资本规模的多目标规划研究框架。本书主要采用以下研究方法：

1. 实证分析和规范分析相结合的方法

实证分析和规范分析是经济学研究中的基本方法。本书注重理论研究与应用研究相结合的分析方法，一方面，对已有的经济学、保险学等相关知识进行概括和总结，对产险公司的资本理论作了系统论述；另一方面，搜集了我国产险公司的经营数据，采用实证分析的方法对我国产险公司中的资本管理行为作了具体检验分析。具体而言，通过建立局部联立调整模型，运用三阶段最小二乘（3SLS）方法研究了产险公司资本和风险变化的相互作用机制，并对影响资本和风险变化的因素做了实证检验。

2. 定性分析与定量分析相结合的研究方法

在采用多目标规划理论对产险公司的资本规模进行分析时，既需要定性分析产险公司的经营目标和经营环境，又需要对这些目标和约束因素进行界定和量化，即采用数理模型对这些因素作出定量分析。定性分析和定量分析相结合,使得理论研究更加深入。

3. 数值模拟技术和比较分析法相结合

由于产险公司经营的特殊性,因此有必要将数值模拟技术引入资本管理分析中。在经营过程中,投保人通过缴纳保费将风险转移给保险人,产险公司承担随时可能发生的保险赔偿。由于不同险种的保险赔款具有随机性,而险种之间也存在较为复杂的关系,因此,本书在多目标模型中引入了 Copula 函数来拟合不同业务的损失,同时,采用 Copula 函数来生成需要的损失数据。

虽然整体而言,产险公司的经营存在许多目标,例如,公司价值最大化、利润最大化、风险最小化、市场份额最大化等,但是对于不同产险公司的不同经营阶段,其经营的侧重点是不同的。因此,为了更好的分析多目标规划模型的适用性,本书采用比较分析的方法,对不同产险公司的不同发展阶段的目标进行了比较分析。

第四节 创新点与不足之处

一、本书的创新点

本书的主要创新点如下:

第一,将多目标规划理论引入到产险公司的资本规模研究中。在国内外已有的文献中,关于多目标规划理论在金融机构的应用研究很少,在产险业的应用研究更少,而且是关于产险公司资产管理或者负债管理的某一方面。本书在深入分析产险公司资本管理多目标属性的基础上,构建了同时考虑产险公司资产和负债的、基于多目标规划的资本规模模型,这在该领域具有一定的创新性。

第二,资本的存在主要是为了应对风险,因此,资本和风险之间是息息相关的。根据国内外已有的文献,研究二者关系的经典模型是 Shrieves 和 Dahl(1992)建立的局部调整模型。虽然该模型在银行业得到了广泛应用,但是它在保险界的研究却处于起步阶段,目前还没有学者采用这一模型研究我国产险业资本和风险之间的关系以及影响二者变化的因素。本书建立了包含偿付能力充足率、再保险程度、盈利能力、公司规模、险种集中度、公司增长机会等多个因素的局部联立调整模型，通过三阶段最小二乘（3SLS）估计方法检验了这些因素对产险公司资本和风险变化的影响以及资本和风险的相互作用机制，揭示了我国产险业的资本管理现状。

第三，突破了现有产险公司资本管理的目标模式。以往关于产险公司最优资本规模的研究或者追求公司价值最大化，或者追求公司期望利润最大化，或者追求公司资本成本最小化，或者从消费者的角度，追求期望效用最大化。而事实上，产险公司的经营具有多目标属性，仅以单一因素为目标得到的资本可能会偏离其他发展目标，因此，本书综合考虑了产险公司的多个经营目标，希望能够协调不同目标之间的关系，在更高层次上对产险公司进行资本管理。同时，现有的研究基本上都是单阶段模型，即仅决定下一期的资本水平，而本书基于单期多目标模型推广至多期模型，这有利于产险公司制定长期规划，提高融资的目的性和规划性，避免出现融资困境，因此具有较强的现实意义。

第四，通过建立面板回归模型实证分析了产险公司在不同阶段主要经营指标的变化。一方面，通过比较不同指标的变化指出了现阶段运用多目标资本规模模型的必要性；另一方面，证明了产险公司在发展前期主要将市场份额和保费规模作为主要发展目标，而当公司规模达到一定程度时，管理者开始关注经营效益、经营风险、费用控制和业务结构等。这能够帮助各产险公司在运用多目标规划模型时正确合理地设定不同目标的权重关系或者优先级次序。

二、本书的不足之处

本书在分析我国产险公司资本管理现状的基础上，将多目标规划理论应用于公司资本规模的研究中，希望能够帮助管理者制定合理的决策。但由于笔者能力和时间有限，本书的研究尚存在许多不足之处，这有待进一步研究和改进。

第一，产险公司的资本管理非常复杂，深入挖掘可以延伸到公司经营的各个方面，但是多目标规划模型不可能将所有的目标和约束条件都涵盖在内，所以本书的分析不可避免地存在不完备之处。产险公司的管理者需要根据公司自身的经营情况对目标和约束条件作出合理的设定，才能得到符合公司未来发展的决策。

第二，无论是按照局部联立调整模型做三阶段最小二乘估计，还是后面对多目标资本管理模型合理性的检验,抑或是对公司不同发展阶段经营目标的实证分析,由于产险业的发展时间较短,可选择的样本数据有限,所以这些分析结果可能存在某种程度的偏差。随着数据的积累,还需要对这些实证模型作进一步分析。

第二章

产险业资本相关理论

本章首先对产险公司的资本进行了概述,然后阐明了资本管理的主要内容,并对资本的成本以及资本结构理论作了系统分析和阐述。

第一节 产险公司的资本

一、资本概述

虽然关于资本及其相关问题的研究始于资本主义经济萌芽时期,但是由于资本问题的复杂性和时代性,资本的范畴和内涵也在不断地扩大和拓展,所以至今尚未形成对资本问题的统一理论认识。

在西方经济学发展史上,最初的资本是指利息对应的货币本金,其本身含有增值之意。而16世纪的重商主义者认为资本来源于流通的过程,流通是资本的唯一源泉。古典经济学派则首次提出"生产资本"的概念,认为资本增值的物质基础在生产领域。他们侧重于生产领域,却忽视了对资本预见性和无形性的认识。新古典学派的创始人马歇尔指出,"个体的资本是其财富中用于获得货币形态的收入那一部分",于是资本开始被用于解释利润的分配问题。马克思对资本的认识可谓具有深刻性和独到性,他认为资本是依靠剥削工人而带来剩余价值的价值,体现了资本家和工人之间的剥削与被剥削的关系。这一思想揭示了资本主义条件下资本的本质和资本主义的经济关系。综合西方经济学理论和马克思政治经济学理论的研究成果,不难发现它们关于资本的经济学属性的认识是趋于一致的,即资本是用于获得更多价值的财富。

随着资本的内涵和外延不断丰富和发展,土地资本、生产资料资本、人力资本、知识资本、智力资本等相继被提出。同时，由于股份公司的发展，越来越多的投资者将闲散资金投入公司，注入的资金成为股本或者股份。从经济学的角度，公司资本有广义和狭义之分。狭义的资本主要是企业资本金、公积金和未分配利润，即资产负债表中的所有者权益，是资产与负债之差，又称为净资产。而广义的资本还包括债务资本，是可供公司长期使用和支配的资产。据此不难发现，广义的公司资本来源于自有资本和债务资本，前者是公司自负盈亏的基础，也是进行债务融资的前提；后者是借入资本，需要在某一确定的日期，用现金、劳务等形式对其进行偿付。后来得到广泛研究的资本结构理论就是关于公司权益资本和债务资本比例关系的理论。

二、产险公司的资本及其分类

类似于一般企业的资本，广义的产险公司资本也包括权益资本和债务资本，但是由于产险公司是以风险为经营对象、负债经营的金融机构，其资本具有自身的特殊性。权益资本是产险公司的自有资本，是其生存和发展的基础，也是产险公司进行投资活动的本金。这部分资金被产险公司持有，可以自主支配和运用，无须返还，既是产险公司保持自身偿付能力的重要手段，也是产险公司履行责任的重要保证，还能够反映保险行业的整体风险。债务资本主要通过销售保单来筹集，这一点与其他行业有着显著的差异。产险公司根据对承保的保险责任在未来的可能损失额度估计费率，投保人通过缴纳保费将风险转移给保险人，产险公司承担随时可能发生的保险赔偿或给付。产险公司这种负债经营的特征决定了债务资本在形式上主要是各种准备金，如未到期责任准备金、未决赔款准备金等。不难发现，虽然准备金的实质是债务，但它具有自身独特的特点。一方面，这种债务是以保险对象发生损失事故为前提，因此，债务是否需要偿还、偿还时间、偿还额度都是不确定的，这种随机性增加了债务的风险。另一方面，产险公司的债权人是所有的保单持有者，而保单持有者就是保单购买者，是产险公司的客户。可见产险公司的债权人数目众多，倘若产险公司不能履行保险责任，则将会对社会和谐和经济稳定造成严重的不利后果。

国际保险监督官协会（International Association of Insurance Supervisors, IAIS）指出，产险公司在遇到非预期损失或者极端事件时，资本必须给予合理而有效的支持。在这一原则指导下，国际保险监督官协会要求产险公司的资本满足以下条件：首先，资本代表永久而且不受任何限制的投资基金；其次，可以随时自由地使用来应对损失；再次，不能对产险公司的利润强加任何不可避免的费用；最后，当产险公司破产清算时，偿付顺序在对保单持有人和其他债权人赔付之后。基于这些原则，各监管机构根据各国产险业发展情况纷纷规定了不同的资本形式。

我国保险监督管理委员会主要对实际资本和最低资本作了相关规定。根据我国《产险公司偿付能力管理规定》，产险公司的最低资本，是指产险公司为应对资产风险、承保风险等风险对偿付能力的不利影响，依据中国保监会的规定而应当具有的最低数额。这属于监管资本的范畴，是产险公司应当具有的最基本的资本水平。同时，保险监管部门还规定了实际资本。实际资本是产险公司的认可资产与认可负债[①]的差额，包括投入资本、剩余综合收益和计入实际资本的资本性负债。实际资本体现了公司的偿债能力，是产险公司能够履行对保单持有人赔付义务的资本。类似于国际保险监督官协会的要求，我国《产险公司偿付能力报告编排规则》也指出了实际资本应该具有的条件或者特征。首先，产险公司对实际资本的持有是永久的，而且可以自由使用实际资本履行自己的赔付义务，不受任何条件或者情况的限制。其次，实际资本应当具有较好的流动性、风险较低，易于吸收损失。最后，清偿顺序在保单责任和其他债务之后。资本的这些特征为其职能的发挥提供了保障，同时也为产险公司资本的使用提供了政策性便利。

虽然所有者权益是公司资产和负债的差额，但是它主要反映了所有者在企业中享有的经济利益，主要用于评价企业的财务状况和经营绩效。另外，计算所有者权益的资产是公司的全部资产，其中包括了固定资产以及全部的投资资产，而固定资产并不能完全自由使用，投资资产也不可避免的包括坏账、呆账，所以所有者权益并不能反映公司的实际偿付能力。而实际资本是产险公司可以自主支配的资本，用于应对非预期损失，吸收额外风险，并维持公司的正常运营。所以本书关于最优资本规模的研究更多的是从实际资本的角度来考虑的。

---

① 认可资产是保险公司在评估偿付能力时依据中国保监会的规定所确认的资产。认可资产适用列举法。认可负债是保险公司在评估偿付能力时依据中国保监会的规定所确认的负债。

三、产险公司资本的重要性分析

（一）提供基本资金支持，维持公司正常运营

与一般公司类似，产险公司在申请成立时，必须要有满足成立产险公司基本要求的注册资本金，这是产险公司能够参加申报、要求获批的基本条件。《中华人民共和国保险法》规定，产险公司注册资本的最低限额是2亿元，且为实缴货币资本。这是产险公司能够建立的硬性约束，没有足够的注册资本，产险公司是不能进入市场的。同时，产险公司成立初期需要许多固定投入，包括租赁办公场所、购买机器设备、支付员工劳动报酬等，资本必须为其提供资金支持。因此，产险公司从筹划到建立，必须要有足够的资本支撑，保证公司拥有足够的注册资本，并支付必要的经营费用。

由于产险公司以风险为经营对象，损失的发生具有不确定性，赔款的给付存在滞后性，所以与其他行业不同，保险行业的盈利周期很长，产险公司大约在3~5年后才实现盈利。因此在运营初期，只能靠资本来维持产险公司的正常发展。例如，产险公司成立之后需要不断地开拓市场，增设分支机构，增加新险种业务，而产险公司的利润水平较低，甚至为负，那么只能靠资本来支付相关的费用。可见，资本为产险公司的正常运转提供了重要的运营资金，为实现其长期发展奠定了必要的物质基础。

（二）促进产险公司的发展，提高公司的竞争力

受我国潜在保险市场的诱惑，各产险公司纷纷扩大保费规模、增设分支机构、抢占市场份额，以期提高公司竞争力，为公司谋求更广阔的发展空间。但是，这个过程伴随着巨大的资本使用和消耗，如果没有充足的资本，产险公司的扩张进程就无从开展。根据偿付能力监管规定，如果产险公司资本出现不足，那么它将受到限制增设分支机构、限制业务范围、责令停止开展新业务、限制资金运用渠道等方面的惩罚。保险监管机构要求产险公司应当具有与其业务规模相适应的最低偿付能力，而最低偿付能力是以产险公司的保费规模和赔付额度来衡量的，因此保费规模的增加需要充足的资本支撑。在产险公司盈利能力不足的条件下，各产险公司纷纷加快融资进程，融资行为缓解了业务发展、公司合规经营与资本不足的矛盾，有力地支持了保费收入的持续增长。可见，资本对于当前形势下产险

公司的发展具有举足轻重的作用,是产险公司得以发展的根基和力量。

当前各产险公司的产品之间具有较强的同质性,因此,保险监管部门要求各产险公司通过提高保险创新能力打破产品同质性的禁锢,实现长足性的发展。而创新意味着大量研发资金的投入,无论是产品创新、服务创新还是投资渠道、销售渠道的创新,同样都需要强有力的资本支撑。所以只有在充足的资本水平下,产险公司才有能力进行保险创新,从而不断寻找新的利润增长点和成长空间,提高自身在国内外保险市场的竞争力。因此,资本是促进产险公司发展,提高公司竞争力的不懈动力。

(三) 缓冲非预期损失,降低破产概率

产险公司经营的特殊性体现在它的负债性和负债的不确定性。一方面,产险产品的定价是基于经验数据,当外界环境发生变化或者定价的精算假设条件改变时,损失会与价格出现偏离;另一方面,产险公司的经营对象是风险,产险公司对负债的偿还是在风险出现、损失发生之后。所以,产品定价、损失赔付都存在许多不确定的因素,这就为非预期损失的出现提供了空间,同时也为资本的存在提供了必要性。资本的重要作用之一就是应对非预期损失,它是意外损失的缓冲器,保证公司即使出现赔付率大于1的条件下仍然能正常经营。

受国内外不确定的宏观经济和金融形势的影响,国内产险市场经营环境更加复杂多变,在产险公司盈利水平较差的情况下,资本的存在无疑会减少产险公司的破产风险,降低破产概率。产险公司的自由资本越多,它吸收意外损失的缓冲作用就越强,那么产险公司出现偿付能力不足的概率就越小,因而破产倒闭的可能性也就越低。同时,充足的资本能够为产险公司和保险监管机构提供相对充分的时间来解决实际问题,有利于产险公司的安全运营。

(四) 提高投保人信心,实现可持续发展

保险消费者与一般消费者不同,他们对风险尤其敏感,是典型的风险规避群体。而雄厚的资本是产险公司应付意外损失的缓冲器,能够有效地保障投保人、被保险人或者收益人的利益,维持市场信心。由于产险公司交易中的消费滞后性,产险公司能否实现长期稳定发展,在很大程度上取决于保险消费者的信心。从消费者的角度,如果产险公司的资本是充足的,那么说明该公司是"健康的"、"安全的"、"可以信赖的",消费者会

纷纷购买其保险产品。同时,充足的资本能够提高公司的信用评级,这会对产险公司的社会形象,例如品牌知名度、公众认可度以及信誉度造成正面效应,具有非常重要的意义。虽然消费者关注产险公司的稳健性,但是多数消费者不会从资本的角度来评价产险公司,而且产险公司的实际资本是不容易得到的,所以消费者主要通过评级机构评定等级来判断公司的安全性。资本充足性好的公司,评定级别高,消费者会对产险公司的未来发展充满信心。产险公司的保费规模扩大,必然会提高产险公司的市场控制力和影响力,从而形成良性循环,促进公司不断壮大,最终实现可持续发展。

第二节 产险公司资本管理与成本分析

一、资本管理的概念与内容

企业是资本得以存在、增值并且获取收益的重要载体,也是资本流动和扩张的平台。从这个意义上讲,企业管理的核心是资本管理。资本管理主要是指在整体资本水平满足监管要求的条件下,通过各种资本管理工具和资本管理举措,使公司的财务绩效达到最优。所以资本管理并不是简单管理某一类资本,而是涵盖了资本的充足性管理、资本结构的优化、资本的有效配置以及资本成本控制等多个方面。图2.1从不同的利益群体出发,刻画了资本管理的主要内容。

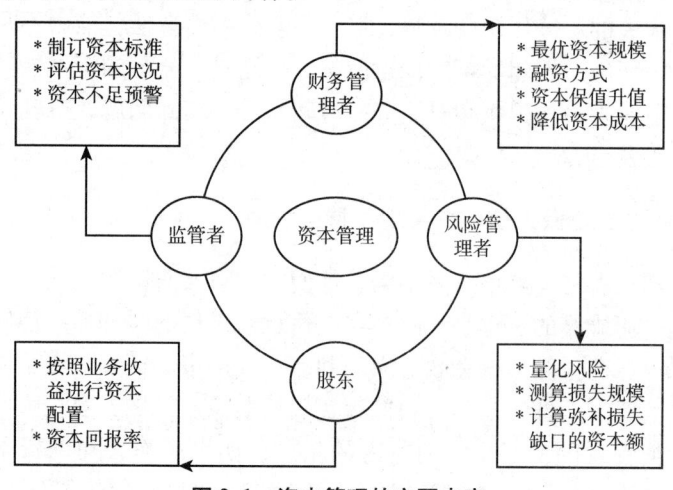

图 2.1 资本管理的主要内容

(一) 从财务管理者的角度

从财务管理者的角度，资本管理的核心是优化资本结构，权衡债务资本与权益资本之间的合理配比关系，主要关注于资本的可得性、融资渠道、资本结构的调整等问题。具体而言，按照财务管理者的立场出发，资本管理主要包含四个方面。首先是确保资本的总体规模与当前和未来新业务的规模相对应，并满足偿付能力的要求，与偿付能力标准相匹配。也就是说，产险公司必须持有适当的资本，既满足业务发展的要求，还要满足监管约束。其次，要选择合适的融资渠道，筹集适当的资本额度。当前我国产险业主要的融资渠道有增资扩股、发行次级债和上市三种。不同的融资方式有不同的优缺点，具体的选择则需要将这些融资渠道与公司所处的现状做综合权衡。再次，要确保对所筹集到的资本金进行合理的投资，保证资本的保值和升值性。最后，在满足产险公司自身发展需求和监管要求的条件下，优化资本结构，减少资本成本。资本是稀缺的资源，持有资本的成本是昂贵的，不必要的资本成本将降低股东的投资回报，所以必须平衡资本与持有资本的成本之间的关系，调整资本结构，降低持有成本。综上所述，财务管理者关心的是资本的充足性和合理性，保证产险公司能够正常运营。

(二) 从风险管理者的角度

资本的主要职能之一是应对非预期损失，降低公司的经营风险。所以，从风险管理者的角度，资本管理主要体现为计算各种风险所导致的非预期损失所需要的资本的数量，是从风险的角度出发对资本进行合理的配置。因为资本是吸收非预期损失的缓冲器，在不考虑资本充足性要求的条件下，产险公司的风险管理者量化各种风险的过程实质上就是测度公司所需要的资本的数量的过程。这一资本管理的思想也就是所谓的经济资本管理，具体而言，就是根据产险公司所面临的风险状况采用合理的数学模型量化损失概率，预测损失规模，进而得到弥补不同损失缺口所需要的资本的数量。

(三) 从股东的角度

产险公司经营的最终目的是实现股东价值最大化，所以从股东的角度，资本管理的最终目标也是实现股东价值最大化。风险管理者是从风险的角度测量经济资本,并按照风险程度自上而下、由总到分地对资本进行合理配置。与此不同,股东追求的是资本回报率,他们所谓的资本管理是从各个业务收益的大小和未来变化程度出发对资本作出合理配置。换言之,就是按照不同业务的风险程度和收益水平进行资本配置,确定不同业务的最优发展规模,使资本与资产结构实现合理匹配,进而提升股东的投资效率和投资回报率。整体而言,从股东的视角出发,资本管理的核心就是如何提升投入资本回报率的问题。

(四)从监管者的角度

无论是从财务管理者还是风险管理者或者股东的角度,他们考虑的资本管理都是产险公司的内部资本管理。监管者则是从产险公司的外部资本管理出发,为产险公司的经营管理设定强制约束条件。我国偿付能力监管规定设定了两个标准,根据产险公司的实际资本与最低资本之比将偿付能力状况划分为充足Ⅰ类和充足Ⅱ类。对于偿付能力不足的公司,保监会将会采取一系列惩罚措施。所以监管者资本管理的主要内容包含:制定资本充足率的计算方法,并设定合理的分类标准;同时根据各产险公司披露的经营信息以及通过其他途径了解的公司的资本充足状况作出判断和评价,对于偿付能力不足或者濒临不足的公司及时发出预警信号,从而保护保单持有者的切身利益和保险行业经营的稳定性。

综上所述,资本管理理论整体上能够划分为资本配置问题和最优资本规模问题。本书主要是从财务管理者的角度,兼顾风险管理者、股东以及监管者的利益,研究最优的资本规模。

二、资本的成本分析

资本是一种稀缺的资源,产险公司持有资本是有成本的,除了投资人要求的资本回报率之外,公司在经营过程中会产生一系列摩擦成本。Hancock等(2001)、Estrella(2004)、Perold(2005)等认为产险公司资本的摩擦成本主要有财务困境成本、代理成本、税收成本、监管成本等。这些摩擦成本的存在对资本结构产生重要影响,在一定程度上改变了公司决策者对最优资本的选择行为(Cummins和Phillips,2005)。

(一)税收成本

产险公司中存在两种税收形式:企业所得税和营业税。根据我国的税法，金融产险业的企业所得税率为25%，而营业税率为5%。前者是按照保费规模征收，后者则是按照企业利润征收。对于企业所有者而言，资本的存在会产生双重税收成本，一种是企业所得税，另一种是个人所得税。也就是说，对公司征收净资产投资收益和承保收益税之后，还要对股东征收个人所得税。所以资本越多，缴纳所得税的税基越大，税收成本越多。

（二）代理成本

代理成本源于公司所有权与控制权的分离，是管理者和股东利益不一致导致的成本。由于管理者在经营公司时，并不总是从股东的利益出发，资本越多，管理者掌握的现金流越大，管理者做出的决策对股东利益的偏离程度越大。虽然公司所有者想方设法来激励管理者提高劳动积极性，抑制在职消费等谋取私利的行为，但是所有者和管理者之间委托代理关系产生的代理成本始终是存在的。相对于其他行业，产险业的经营透明度更差，所有者很难监督管理者的行为，因此，所有者会要求额外的投资回报。传统的代理成本包括管理者没有从股东的角度考虑而失去收益较好业务的成本，或者没有必要的收购和兼并的费用等。

（三）监管成本

监管成本是由于监管者要求对于特定业务必须持有特定的最低资本，这导致某些险种可能存在闲置资本，从而产生潜在的流动性成本。因为这些资本只能用于特定业务的发展而不能支持其他的业务，所以产生了资源浪费。这主要是由于监管政策和监管环境导致的。当然，产险公司可以通过优化险种结构等方式转移风险，从而在一定程度上控制监管资本成本。

（四）财务困境成本

财务困境成本与资本成反向变动关系。财务困境成本是指产险公司在处于困境时，会失去一些无形的价值创造机会，包括引进新的、有利可图的业务，增加或者留住一些有才能的员工等，此外，还会增加一些直接成本包括额外的监管审查成本和重新注资的成本，甚至是法律诉讼费用等。如果产险公司没有克服困境，那么公司可能会发生破产，从而产生破产成本，包括公司所有权从股东转移给债权人的成本，破产临近时客户退保、公司声誉受损、客户关系破裂以及其他特许权价值损失等。

由于产险公司的负债经营特性，产险公司持有资本主要是为了补偿风险造成的财务损失，但是资本不是免费的资源，由于上述成本的存在，产险公司持有资本是昂贵的，因此，产险公司不会持有足够的资本来完全消除偿付能力不足风险。根据产险公司的资本结构理论，也正是由于市场不完全性导致的一系列市场摩擦的存在，产生了能够最大化公司价值的最优资本结构。现有的关于产险公司最优资本或者最优资本结构的研究也都是基于这一点展开的。

第三节 产险公司资本结构理论

前已述及，产险公司的负债资本主要体现为各种准备金，因此在保费规模既定的条件下，产险公司最优资本规模的研究与资本结构的研究是一致的。下面对产险公司的资本结构理论展开系统阐述。

一、产险公司资本结构的权衡理论

产险公司的资本决策是关于税负规避与破产成本约束的权衡。根据权衡理论，企业的最优资本结构是税盾利益与破产成本相互妥协的结果，产险公司的资本结构也应该满足这种一般性的标准。但是，产险公司债务融资的税收效应有别于其他公司。产险公司的负债主要表现为准备金，而准备金与公司盈利之间存在着此消彼长的关系，所以准备金提取的多少会影响产险公司的税前利润和所得税金额。在税负规避效应下，产险公司趋向于不断提高保费规模，扩大承保面，增加责任准备金，获取税避收益。但是若同时考虑破产成本，相对于自有资本而言，承保规模越大，产险公司的破产概率越大，发生财务危机时造成的损失也越大。按照 MM 定理，虽然产险公司也可以通过完全负债经营来降低税收负担，但随着负债比例的增加，产险公司的财务风险增加，而一旦发生破产，产险公司将承担一系列直接或者间接的成本，这势必会大大降低企业价值。同时，产险公司负债过多，会降低它对股东的吸引力，不利于公司的长期发展。因此，在权衡理论下，产险公司需要平衡税负规避利益和破产成本之间的关系，既能够获得一定的税避收益，又能将破产危机控制在一定限度内，还能够吸引投资者，维持产险公司的长期健康发展。

二、产险公司资本结构的代理理论

类似于一般的企业,产险公司中存在着两种委托—代理关系:所有者与管理者、所有者与保单持有人。一方面,所有者和管理者的利益是不完全一致的,管理者在经营的过程中很可能偏离所有者的收益最大化目标,而出现道德风险行为,这就导致了权益的代理成本。另一方面,所有者和保单持有人之间也存在委托—代理关系。虽然产险公司的债权人数目众多,他们同时也是产险公司的客户,是所有的保险消费者,但是所有者仍然希望通过牺牲它们的利益来提高自己的收益,所以产生了债务的代理成本。

所有者和管理者之间的权益代理成本源于所有者不能对管理者的行为进行有效的监控,导致管理者的行为偏离所有者的利益,给公司所有者带来损失,代理成本正是对这一损失的补偿。具体而言,由于管理者并不100%的拥有股权,因而他只能获得自己努力工作的收益的一部分,同时,他能够获得自己在职消费等谋取私利行为的全部收益而只是付出一部分成本,这对管理者产生了不去努力工作的激励,从而损害了公司所有者的利益。为了减少管理者的行为导致的代理成本,在管理者股份绝对值不变的条件下,往往会采取减少权益资本或者增加债务成本的方法。因为这会增加管理者的持股比例,使所有者和管理者的利益趋于一致。同时,随着债务资本的增加,一方面,管理者可支配的现金流减少,有助于其减少在职消费行为;另一方面,负债比例的增加导致破产概率增大,这将促使管理者努力工作,减少不必要的费用支出,防止产险公司出现破产危机。可见,通过提高负债比例,能够有效抑制管理者出现道德风险,从而使股东权益最大化。

所有者和保单持有人的冲突在于产险公司所有者有激励增加自身的权益收益而损害保单持有人的利益。例如,所有者愿意投资高风险、高收益的项目,因为他们能够获得投资成功后的利润,而失败的后果则由保单持有人承担。但是保单持有人本身是强烈的风险厌恶者,购买保单是为了规避风险,他们追求的是公司的安全性。如果保单持有人认识到公司的高风险性,将不会购买保单。从这一角度出发,所有者会增加资本比例来保证公司的安全运营,给投保人以信心。可见,通过增加权益资本,可以减少产险公司的偿付能力不足风险,增加公司经营的安全性和稳定性,缓解公司所有者和保单持有人的代理矛盾，增加公司价值。

综上所述，由于公司管理者和所有者之间的权益代理成本以及公司所有者和保单持有人之间的债务代理成本的存在，产险公司既需要通过增加负债比例来减少管理者的道德风险，又需要通过增加权益资本来防止公司所有者对保单持有人利益的侵占。所以最优的资本结构是产险公司的权益代理成本与债务代理成本相妥协的结果。

三、产险公司资本结构的信号传递理论

信号传递理论主要是指公司的资本结构，或者对资本结构的调整会向外部投资者传递一些关于公司未来发展形势的信号。一般而言，当产险公司增加业务量、扩大承保面、拓展市场规模时，则认为公司的盈利能力较好，发展前景广阔，因此产险公司的股票价格将上升，公司价值提高。因为这表明产险公司能够承担未来的赔付，有较强的偿付能力。而当产险公司不断扩充资本时，则认为其濒临偿付能力不足的境地，未来发展前景堪忧，那么股票价格就可能降低，公司价值降低。因此，当产险公司进行融资时，首先进行内部融资，然后是债务融资（如次级债务），最后才是股权融资。因为股权融资向外界传递一种"坏"的信号，短期内会影响公司的整体价值。

第三章

我国产险业资本调整实证研究

为了在已有资本理论的基础上作进一步的研究，有必要首先将当前我国产险业资本管理的现状分析清楚。由于风险的客观存在，产险公司必须持有适当的资本，而且随着业务的不断发展，增资成为一种必然的选择。一般来讲，产险公司选择是否增资主要是基于以下考虑：首先是监管约束的要求。在偿付能力监管制度下，偿付能力不足的公司在设立分支结构、高管薪酬和资金运用等方面受到种种限制。其次是公司发展的内在需要。产险公司在发展业务规模、开设分公司、增加新险种时，需要较高的资本支持。最后是评级机构等外在力量的驱动。产险公司要维持或提高评级，必须要满足一定的资本充足率标准。无论是对于监管者还是公司自身，抑或是评级机构，产险公司持有资本都主要是防止非预期损失，保证公司经营的安全性，所以整体而言，产险公司的资本规模必须与风险相对应。一方面，是监管机构要求它们持有的资本与其业务规模和风险水平相适应；另一方面，从资本的稀缺性和未来发展的稳定性出发，产险公司也需要选择合适的资本和风险水平。可见资本调整与组合风险①的变化是相对应的，相关的研究也是从这两方面同时展开的。Cummins 和 Sommer（1996）首次采用联立方程模型研究产险公司的资本与组合风险，主要检验了公司的所有制、区域性、资本性质等的影响。Shim（2010）在 Cummins 和 Sommer 的基础上，增加了监管约束，但没有考虑再保险、保费增长等因素。

国内关于产险业资本的文献较少，赵桂芹、王上文（2008）研究了资本结构与承保风险对获利能力的影响。赵桂芹（2009）对资本的投入效率进行分析。不同于他们的研究，本书在检验影响资本和组合风险因素的基础上，主要解决了以下问题：首先，Shim（2010）发现在偿付能力监管下，美国偿付能力不足的公司资本和组合风险调整速度快于偿付能力充足

---

① 即 Portfolio Risk，这里主要指承保风险和投资风险以及二者的关联风险。

的公司，但到目前为止，还没有文献检验我国偿付能力监管对资本和风险调整的影响。其次，随着产险业的发展，产险公司对资本的需求增加，但是规模不断扩大的背后是否削弱了行业对于盈利能力的关注？这一观点尚未得到验证。研究这些问题，不仅可以帮助保险监管部门完善现有的规章制度，而且有利于产险公司平衡资本与组合风险，实现发展方式的良性转变。

第一节 资本的影响因素分析

根据第二章第三节产险公司的资本结构理论，决定产险公司目标资本的因素主要有：盈利能力、监管压力、增长机会、险种集中度、公司规模、组合风险等，下面对这些因素作逐一分析。为了研究的需要，我们同时也对影响风险的因素进行了讨论。

偿付能力监管可能对风险和资本调整产生正、负两方面的影响（Kessler，2008）。Koziol 和 Lawrenz（2009）证明了标准的资本监管系统对于防止公司过多举债，减少违约风险是有效的。Furlong 和 Keeley（1989）也发现，在没有监管的条件下，公司会承担过多的投资和举债风险来实现价值最大化。因此，通过设定资本要求，进而增加资本或者减少风险，能够有效地降低公司的违约风险（Merton，1977）。但是，外部资本是有成本的，资本要求限制了风险回报边际，被迫增加的昂贵资本减少了公司的期望收益，进而减少了风险资产的盈利能力（Kim 和 Santomero，1988），在这种情况下，违约风险可能反而增加。在偿付能力监管正面和反面效应的共同作用下，根据我国产险业发展现状，本书认为产险公司持有过多资本的可能性不大。

根据资本结构理论，随着负债比率的提高，公司发生破产的风险会相应增加，因此债权人会因公司破产风险的增加而提高融资成本，抵消公司借债所带来的税盾效应。Cummins 和 Sommer（1996）通过建立期权定价模型，并对产险公司作实证分析，证明了组合风险与资本结构之间是相互影响的，资本变化和风险调整之间是正向变动关系。当风险增加时，产险公司为免受过多的损失以及由此衍生的破产成本，会选择较多的自有资本。Sommer（1996）也指出，产险公司的安全水平不仅依赖于资产负债组合的整体风险，还依赖于资本水平。Cummins 和 Danzon（1997）认为，迫于监管压力，组合风险的增加要求产险公司必须同时增加资本。

产险公司总资产中的负债比例非常高，并且这些负债绝大部分不能计入资本，从这个角度来看，研究资本水平与研究资本结构是基本一致的。MM不相关定理最早在完全竞争市场下研究了资本结构问题，之后不断有新的理论对它进行修正。财务理论认为，资本结构由公司自身的特点决定，包括盈利能力、增长机会、公司规模等。优序融资理论（The Pecking Order Theory）表明，公司首先将未分配利润作为主要的融资来源，其次是债务融资，最后是权益融资（Gron，1994）。未分配利润主要依赖于公司的盈利能力，因此盈利能力与举债水平之间是反向关系。代理理论（The Agency Theory）认为，资本结构的选择必须能够控制代理成本。当存在破产风险时，债权人与股东之间产生委托代理问题。而增长机会多的公司的委托代理问题更严重（Myers，2001）。所以增长机会与举债水平之间是反向关系。另外，规模的大小也会影响资本。Titman和Wessels（1988）指出，规模大的公司容易进入资本市场，他们负债融资相对容易，并且成本较低。从这个角度来讲，规模大的公司的自有资本较少。

影响风险的因素主要有再保险、险种集中度和公司规模。第一，再保险衡量了分出公司向分入公司分散风险的程度，再保险越多，产险公司自身面临的风险越小，资本要求越低。第二，规模大的公司所容纳的风险较多。Titman（1984）指出，规模大的企业可以通过多元化经营分散风险，一般不会陷入破产的境地。根据大数定律，汇聚于风险池中的风险数量越多，风险的期望损失越容易预测，因此规模大的公司能够承担更多的风险。第三，调整险种结构可以较好地分散风险。因为不同险种间的相关性较低，险种越分散，组合风险会越低，需要的资本也越少。Cummins和Sommer（1996）通过实证研究表明，险种集中度提高，或者公司规模扩大都会导致风险增加。

第二节 局部联立调整模型及变量设定

一、基本模型

Shrieves和Dahl（1992）最早基于联立方程模型研究了银行业的资本

和风险决定问题，之后的文献对这一模型进行了拓展（Rime，2001）。借鉴这一研究思想，将产险公司可观测到的资本和风险的变化分为两部分，自由调整和外生变量调整：

$$\Delta CAP_{j,t} = \Delta^d CAP_{j,t} + \mu_{j,t}$$
$$\Delta RISK_{j,t} = \Delta^d RISK_{j,t} + v_{j,t} \qquad (3.1)$$

其中，$\Delta CAP_{j,t}$ 和 $\Delta RISK_{j,t}$ 是产险公司 j 在年度 t 观察到的资本和风险水平的变化。$\Delta^d CAP_{j,t}$ 和 $\Delta^d RISK_{j,t}$ 是相应的自由调整部分，$\mu_{j,t}$ 和 $v_{j,t}$ 是其他外生因素。Marcus（1983）认为，制度约束、短期调整的高成本、信息的缺失等，可能导致产险公司并不会同时改变资本和风险水平。因此，自由调整部分采用局部调整模型：

$$\Delta^d CAP_{j,t} = \alpha \ (CAP_{j,t}^* - CAP_{j,t-1})$$
$$\Delta^d RISK_{j,t} = \beta \ (RISK_{j,t}^* - RISK_{j,t-1}) \qquad (3.2)$$

这里，$CAP_{j,t}^*$ 和 $RISK_{j,t}^*$ 表示产险公司 j 在年度 t 的目标资本和组合风险，$CAP_{j,t-1}$ 和 $RISK_{j,t-1}$ 代表真实水平。

将模型（3.1）与模型（3.2）结合发现，可观察到的资本和风险的调整程度是关于目标水平、前一期水平以及其他外生变量的函数。α 和 β 衡量调整成本或者调整速度。当 $\alpha = 0$，$\beta = 0$ 时，后期资本和风险水平与上一期相等。这说明，由于调整成本较高，资本与风险水平没有变化。当 $\alpha = 1$，$\beta = 1$ 时，资本和风险水平则需要调整至目标水平。在实际情况下，产险公司会根据实际情况，对资本和风险作适当的局部调整。

然而，$CAP_{j,t}^*$ 和 $RISK_{j,t}^*$ 是不可见的。Flannery 和 Rangan（2006）指出，目标资本和组合风险水平依赖于公司的具体特征，它因公司和时期的不同而变化。因此目标资本和风险水平是一个"黑匣子"，需要将已有的理论与实证分析相结合来揭示影响他们的一系列因素。根据第一节的分析，决定产险公司目标资本的可能因素有：盈利能力、监管压力、增长机会、险种集中度、公司规模以及风险的变化；决定目标组合风险的可能因素有：险种集中度、监管压力、公司规模、再保险程度以及资本的变化。本书检验这些因素对我国产险公司资本与组合风险的影响。

二、变量设定

(一) 资本

一般而言,衡量银行资本采用资本率(即资本与总资产的比率)或者基于风险的资本率(即资本与经风险加权的资产的比率)。借鉴银行业的做法,Sommer(1996)采用监管资本与总资产的比率衡量保险资本。本书认为,采用实际资本与认可资产的比率来衡量资本持有(CAP)更符合我国的实际。根据偿付能力监管规定,认可资产是指那些可以被产险公司任意处置的、可用于履行对保单持有人义务的资产,因此它能够更准确地捕捉产险公司的特点。

(二) 风险

与一般的金融机构不同,产险公司不仅要关注投资风险,更主要的是关注承保风险。因此,本书拓展了银行业中衡量风险的一般做法,采用资产负债比率的波动来衡量产险公司的组合风险(σ)。Butsic(1994)指出,在计算组合风险时,必须充分考虑不同因素之间的相关性。因此,本书分别考虑了资产之间、险种之间以及资产和险种之间的相关关系。组合风险为:

$$\sigma_t = \sqrt{\sigma_{V,t}^2 + \sigma_{L,t}^2 - 2\sigma_{VL,t}} \tag{3.3}$$

其中,

$$\sigma_{V,t}^2 = \sum_{i=1}^{N} \sum_{j=1}^{N} y_{i,t} y_{j,t} \rho_{V_i V_j} \sigma_{V_i} \sigma_{V_j}$$

$$\sigma_{L,t}^2 = \sum_{i=1}^{M} \sum_{j=1}^{M} x_{i,t} x_{j,t} \rho_{L_i L_j} \sigma_{L_i} \sigma_{L_j}$$

$$\sigma_{V,t} = \sum_{i=1}^{N} \sum_{j=1}^{M} y_{i,t} x_{j,t} \rho_{V_i L_j} \sigma_{V_i} \sigma_{L_j}$$

$y_{i,t}$ 是 t 时资产 i 占总投资资产的比例;$x_{i,t}$ 是 t 时险种 i 的保费占比;σ_{V_i} 是资产 i 的投资收益率标准差;σ_{L_i} 是险种 i 的承保收益率标准差;ρ_{V_i,V_j} 是资产 i 和 j 收益率的相关系数,ρ_{L_i,L_j},ρ_{V_i,L_j} 的含义类似,不再赘述。

(三) 监管压力

2003年3月,保监会颁布了《产险公司偿付能力额度及监管指标管理规定》,规定了偿付能力监管的额度指标,并将偿付能力充足率小于100%的产险公司视为重点监管对象。2008年7月新颁布的《产险公司偿付能力管理规定》中,在最低资本的计算中增加了非寿险投资型业务,但具体规定非寿险投资性业务准备金的计提则是在2009年7月。因此在2003~2009年的研究期间内,本书主要以2003年的偿付能力规定为标准。当偿付能力充足率小于100%时,监管压力(REG)为0,否则为1。

(四) 其他控制变量

(1) 险种集中度(LINE_HHI)。不同险种间相关性较低,因此产险公司能够通过增加新业务,或者改变业务结构来分散风险。这里引入赫芬达尔—赫希曼指数(Herfindahl-Hirschman Index,HHI),衡量险种的分散程度对资本和风险的影响。

(2) 再保险(REINSUR)。再保险是产险公司分散风险的重要方法。本书以分出保费占原保费的比例衡量再保险。

(3) 增长机会(GROWTH)。最有效的衡量增长机会的指标是资产的市场价值与账面价值之比(Fama和French,2002),但我国民经营产险业务的公司中,只有中国人民财产保险股份有限公司、中国太平洋保险(集团)股份有限公司和中国平安保险(集团)股份有限公司三家公司上市,其他产险公司的市场价值难以得到。参考Cummins和Nini(2002),因为保费的增长状况能够较好的反映公司业务的发展,因此这里采用保费的年度增长率衡量。

(4) 盈利能力(ROA)。借鉴文献Fama和French(2002),以营业利润与认可资产的比值作为衡量盈利能力的指标,包含在资本方程中。它与资本调整之间可能存在两种关系,当优序融资理论成立时,盈利能力与资本正向关;当权衡理论成立时则反向关。

(5) 公司规模(SIZE)。公司规模对资本和风险都有一定的影响。Cummins和Nini(2002)以产险公司总资产的自然对数来衡量,Carayannopoulos和Kelly(2004)将它表示为公司净保费收入的对数。不同于他们的选择,本书延续前文中的做法,以总认可资产的自然对数衡量。

此外,在资本和风险方程中都包含了交叉项$REG_{j,t-1} \times CAP_{j,t-1}$和

$REG_{j,t-1} \times RIST_{j,t-1}$,它们分别被用于衡量偿付能力充足与否对资本和风险的调整速度的影响。将所有影响资本变化和风险变化的变量带入模型（3.2），并结合模型（3.1）整理得到待估的联立方程组（3.4）和方程组（3.5）：

$$\Delta CAP_{j,t} = \alpha_0 + \alpha_1 REG_{j,t-1} + \alpha_2 ROA_{j,t} + \alpha_3 GROWTH_{j,t} + \alpha_4 LINE\_HHI_{j,t}$$
$$+ \alpha_4 SIZE_{j,t} + \alpha_6 \Delta RISK_{j,t} + \alpha_7 CAP_{j,t-1} + \alpha_8 REG_{j,t-1} \times CAP_{j,t-1} + \mu_{j,t}$$
(3.4)

$$\Delta RISK_{j,t} = \beta_0 + \beta_1 REG_{j,t-1} + \beta_2 REINSU_{j,t} + \beta_3 LINE\_HHI_{j,t} + \beta_4 SIZE_{j,t}$$
$$+ \beta_5 \Delta CAP_{j,t} + \beta_6 RISK_{j,t-1} + \beta_7 REG_{j,t-1} \times RISK_{j,t-1} + v_{j,t}$$
(3.5)

第三节 产险公司资本管理实证检验

一、数据与估计方法

本书以成立于 2006 年之前的 34[①] 家产险公司为研究对象，采用 2003~2009 年的年度不平衡面板数据进行分析。原始数据全部来源于 2004~2010 年的《保险年鉴》，根据 2003 年的《产险公司偿付能力额度及监管指标管理规定》进行整理。为了计算的方便，对认可资产和认可负债作了进一步的规定。其中，认可负债等于全部负债；产险公司的投资性金融资产和应收款中假定含有 5% 的坏账，因此，认可资产包括货币资金和定期存款、95% 的投资性金融资产（包括买入返售债券、保单质押贷

[①] 这些公司包括：安邦财产保险股份有限公司、安华农业保险股份有限公司、安联保险公司广州分公司、法国安盟保险公司成都分公司、安信农业保险股份有限公司、渤海财产保险股份有限公司、中国出口信用保险公司、中国大地财产保险股份有限公司、大众保险股份有限公司、东京海上日动火灾保险（中国）有限公司、都邦财产保险股份有限公司、丰泰保险（亚洲）有限公司上海分公司、华安财产保险股份有限公司、华农财产保险股份有限公司、华泰财产保险股份有限公司、太阳联合保险（中国）有限公司、利宝保险有限公司、丘博保险（中国）有限公司、美亚财产保险有限公司、民安保险（中国）有限公司、中国人民财产保险股份有限公司、中国平安财产保险股份有限公司、日本财产保险（中国）有限公司、三井住友海上火灾保险（中国）有限公司、三星火灾海上保险（中国）有限公司、中国太平洋财产保险股份有限公司、太平财产保险有限公司、天安保险股份有限公司、天平汽车保险股份有限公司、阳光财产保险股份有限公司、永安财产保险股份有限公司、永诚财产保险股份有限公司、中华联合财产保险股份有限公司、中银保险有限公司。

款、可供出售金融资产等)、95%的资本保证金、95%的应收款(应收保费、应收分保账款、应收准备金等)以及实收资本、资本公积、盈余公积三项之和的50%与固定资产的较小者。最低资本是按照2003年《保险公司偿付能力额度及监管指标治理规定》中产险公司应具备的最低偿付能力额度[①]得到。主要变量的描述性统计结果见表3.1。

表3.1　　　　　　　关键变量的描述性统计

变量	观察值	均值	标准差	最小值	最大值
ΔCAP_t	145	-0.04654	0.223258	-1.21999	0.861258
CAP_{t-1}	145	0.28399	0.375033	-1.51079	0.959371
$REINSU_t$	145	0.287355	0.256127	0	1.150836
$SIZE_t$	145	7.762267	1.718207	2.982622	11.88345
$LINE\_HHI_t$	145	0.509996	0.210415	0.003155	1
ROA_t	145	-0.04888	0.237956	-2.06034	0.201104
REG_{t-1}	145	0.731035	0.444959	0	1
$GROWTH_t$	145	1.855218	1.714325	0.81418	16.49432
$\Delta RISK_t$	145	0.013456	0.01993	-0.0556	0.0987
$RISK_{t-1}$	145	0.106217	0.056729	0.0602	0.3964

因为每个产险公司的投资信息难以得到，因此采用行业投资数据[②]。选取上证股票、基金、债券指数的几何收益率衡量投资收益。为了研究的方便，本书将险种归类，选取了9个险种：企业财产保险、机动车辆保险、货物运输保险、责任保险、信用保险与责任保险、农业保险、短期健康保险、意外伤害保险和其他保险。对于2008年和2009年的统计数据，本书将家庭财产保险、工程保险、船舶保险以及特殊风险保险全部列为其他险种。最后得到险种收益率与资金运用收益率的协方差矩阵见表3.2。

---

① 财产保险公司应具备的最低偿付能力额度为下述两项中数额较大的一项：(1) 最近会计年度公司自留保费减营业税及附加后1亿元人民币以下部分的18%和1亿元人民币以上部分的16%；(2) 公司最近3年平均综合赔款金额7000万元以下部分的26%和7000万元以上部分的23%。综合赔款金额为赔款支出、未决赔款准备金提转差、分保赔款支出之和减去摊回分保赔款和追偿款收入。经营不满三个完整会计年度的保险公司，采用本条第(1)项规定的标准。

② 保险业整体的投资收益率是可以得到的，它们虽然比较真实地反映了整个保险业的投资情况，但是不能较好的反映投资风险。因为2003~2009年，投资渠道不断放宽，开始时公司主要投资于银行和国债，虽然投资收益率发生变化，但是这种变化并不是代表风险。

表 3.2　　险种承保收益率与资金运用收益率的协方差矩阵

名称	基金	债券	股票	企业财产保险	机动车辆保险	货物运输保险	责任保险	信用保险	农业保险	短期健康保险	意外伤害保险	其他保险
基金保险	0.43	-0.032	0.462	-0.040	-0.018	0.0012	-0.0115	-0.0488	0.0009	0.0146	0.0074	-0.0949
债券保险		0.0076	-0.0353	0.0047	0.0011	0.0006	-0.0014	0.0307	0.0003	-0.0016	0.0001	0.0071
股票保险			0.5118	-0.0504	-0.0184	-0.0002	-0.0066	-0.0435	0.0129	0.0004	0.0057	-0.1211
企业财产保险				0.0099	0.0018	0.0016	-0.0029	0.0045	-0.0039	0.0068	0.0017	0.0196
机动车辆保险					0.0010	0.0000	0.0008	0.0007	0.0010	-0.0013	-0.0002	0.0032
货物运输保险						0.0009	-0.0010	-0.0001	-0.0006	0.0040	0.0009	0.0026
责任保险							0.0036	-0.0049	0.0038	-0.0059	-0.0016	-0.0051
信用保险								0.1650	0.0109	-0.0259	-0.0017	-0.0095
农业保险									0.0103	-0.0118	-0.0011	-0.0142
短期健康保险										0.0275	0.0042	0.0197
意外伤害保险											0.0012	0.0024
其他保险												0.0474

资料来源：2003~2009 年的《保险年鉴》和上海证券交易所网站。

为得到联立方程模型的回归结果，首先判断方程（3.4）和方程（3.5）的可识别性。由联立方程模型的秩条件和阶条件可知，资本方程和风险方程都是可识别的，因此同时采用三阶段最小二乘（3SLS）和两阶段最小二乘（2SLS）对方程（3.4）和方程（3.5）组成的联立方程组进行估计①。为控制公司特征和宏观经济环境的变化对资本和风险的影响，在估计方程中加入了公司和时间特定效应。采用 Stata11.0 得到的 3SLS 和 2SLS 的估计结果见表 3.3。

---

① 相对而言，3SLS 的优点是能够同时估计联立方程组中所有的结构性参数，而 2SLS 仅对联立方程组中的单个方程中的参数进行估计，并且，3SLS 是全信息估计，它比 2SLS 估计的参数更具有渐进有效性。

表3.3 全部产险公司的回归结果

回归方法	3SLS		2SLS	
变量 \ 方程	ΔCAP_t方程	$\Delta RISK_t$方程	ΔCAP_t方程	$\Delta RISK_t$方程
$\Delta RISK_t$	2.661		-0.212	
	(1.04)		(-0.19)	
ΔCAP_t		0.0350***		0.0263**
		(2.86)		(2)
$REINSU_t$	0.0823	0.022	0.124	0.0234
	(0.57)	(1.33)	(0.75)	(1.23)
$LINE\_HHI_t$	-0.231	0.0448**	-0.087	0.0455*
	(-1.07)	(2.14)	(-0.38)	(1.89)
ROA_t	0.154*		0.196*	
	(1.84)		(1.73)	
$SIZE_t$	-0.154***	0.0141***	-0.133***	0.0145***
	(-3.96)	(3.88)	(-3.27)	(3.43)
$GROWTH_t$	-0.0410**		-0.0473*	
	(-2.18)		(-1.84)	
REG_{t-1}	0.0139	0.0666**	0.0365	0.0607*
	(0.22)	(2.26)	(0.55)	(1.73)
CAP_{t-1}	-0.372***		-0.469***	
	(-4.51)		(-4.49)	
$RISK_{t-1}$		0.353		0.265
		(1.24)		(0.75)
$REG_{t-1} \times CAP_{t-1}$	-0.409**		-0.345*	
	(-2.14)		(-1.74)	
$REG_{t-1} \times RISK_{t-1}$		-0.660**		-0.62
		(-2.08)		(-1.64)
常数	1.758***	-0.148***		
	(5.47)	(-4.17)		
R^2	0.44	0.19	0.43	0.18

注:括号中的数字是t统计量,***、**、*分别表示在1%、5%、10%的水平上显著,这里省略了关于不同公司、不同时间的虚拟变量的回归结果。

二、回归结果分析

比较 3SLS 法和 2SLS 法的估计结果,发现二者并无显著差异,但 3SLS 方法中各变量估计系数的有效性大于 2SLS。

(一) ΔCAP_t 方程的回归结果分析

(1) 产险公司的资产规模对资本的变化产生负的、显著的影响。随着公司资产规模的扩大,资本的变化呈现下降的趋势,这一结论与 Titman 和 Wessels (1988) 的研究结果一致。规模的大的产险公司具有较强的竞争优势,进入资本市场相对容易,因此持有的目标资本较少。这在一定程度上也说明了众多的中小型产险公司盲目追求保费增长,过分注重规模导向的原因所在。

(2) 产险公司的盈利能力对资本的变化产生正的、10%显著水平上的影响。这与优序融资理论是吻合的,意味着盈利能力已经是我国产险公司持续性增加资本金的重要方式。但是 Shim (2010) 研究发现,美国产险公司的盈利能力在1%的显著水平内能够促进资本的增加。这说明我国产险公司的盈利能力相对较差,盈利水平尚待进一步提高。由于我国产险业处于高速发展时期,保费规模的迅速增加导致产险公司对资本的要求大幅提高,这在一定程度上掩盖了产险公司内部自我增值能力差的现状。而事实上,从美国产险业的发展历程来看,提高盈利能力将是我国产险业增高资本充足性、实现健康稳定发展的根本路径。因此,产险公司必须高度重视盈利水平,积极探索新的业务增长点,提高盈利能力。

(3) 保费的增长速度对资本的变化产生负的、显著的影响。这与代理成本理论是不一致的,我国产险公司在积极寻求公司业务增长的同时,并没有较好的控制委托代理成本。同时,保费增长对资本变化的反向影响也在一定程度上反映了增资热潮出现的原因。保费的增加,导致产险公司负债增加,资本持有相对减少。在这种情况下,产险公司要想维持原有的资本充足率,必须要增加资本 (Feldblum, 1996)。这说明两个问题:一是保费增长是导致产险公司偿付能力下降的重要原因;二是资本的增加滞后于保费的增长,产险公司粗放式增长的经营方式没有得到根本性转变。

(4) 监管压力对资本调整产生正的、不显著的影响,前期资本与监管的交叉项对资本变化产生正的、显著性的影响。这说明资本充足的公司调整资本的速度明显快于资本不足的公司，但二者的调整数额相差不大。由于资本充足的产险公司的盈利能力强于资本不足的公司，且资本市场是不完全的，资本不足的公司被动注资需要一个过程，因此资本充足的公司资本的调整速度较快。这同时也说明大多数产险公司是积极经营的。但是持有资本的成本是昂贵的，资本不足的公司不会过度增加资本，资本充足的公司也不会过度持有资本，因此导致二者增资的额度差异不大。这与我国产险公司增资的情况是吻合的。

此外，风险的变化对资本调整的影响是不显著的，这表明，我国的产险公司存在一定的抵御风险的能力。风险在一定程度内的变化不会对产险公司产生增资压力。险种的集中度对资本也没有产生显著的影响。可见增加新的险种，或者改变险种的结构不会对资本产生较大的冲击，这与 Shim (2010) 的研究结果一致。

（二）$\Delta RISK_t$ 方程的回归结果分析

（1）资本的改变对风险调整产生正的、显著的影响。与 Shrieves 和 Dahl (1992)、Jacques 和 Nigro (1997) 以及 Rime (2001) 的研究结果相同，这表明，一方面，资本的增加能够显著提高产险公司抵御风险的能力；另一方面，资本充足的产险公司愿意承担更大的风险。我国的产险公司纷纷增资扩股，就是为了能够不断地拓展业务深度和广度，谋求更大的发展空间。充足的资本是产险公司得以生存，并实现可持续发展的根基。

（2）险种集中度的增加会导致风险水平显著提高。不同于 Shim (2010) 的研究结果，我国产险公司能够通过多样化险种分散风险。这可能是因为，我国的产险业发展时间较短，统计数据不多，精算技术不够发达，对单个险种出险程度的掌控水平不高。在险种之间相关性较低的条件下，如果能够多样化业务结构，将会有效地降低公司的组合风险水平。

（3）公司规模对于风险的变化产生正的、显著的影响。这表明资产规模大的产险公司比资产规模小的公司更容易调整风险水平，这与 Jacques 和 Nigro (1997) 的研究结果一致。规模大的公司存在较多的投资机会和融资便利，并且多样化经营的能力强于规模小的公司，因此它们能够相对灵活地改变风险水平。

（4）监管压力、前期风险与监管压力的交叉项对产险公司的风险调整存在正的、显著的影响。这说明在我国偿付能力充足的公司风险调整的额度和速度较大。然而 Shim（2010）针对美国产险业的研究结果表明，为了尽快脱离监管部门的惩罚，资本不足的公司会通过高风险获得的高收益来弥补资本的短缺，因此它们调整风险的速度和额度更大。之所以会出现相反的结论，主要是因为我国和美国产险业处于不同的发展阶段。美国1999~2009年产险业的平均保费增长率约为-1%，其中2008~2009年仅为-1.8%，而我国2008~2009年财产险的保费增长率为23.1%。这意味着，美国产险公司的规模基本是稳定的，进一步扩展的空间较小，而偿付能力不足的公司在监管的约束下改变风险的积极性较大。对我国而言，偿付能力充足的公司的发展空间很大，在庞大的潜在市场诱惑下，他们有动力也有能力扩大业务。相反，偿付能力不足的公司虽然也急于弥补资本[①]，提高偿付能力，但由于受监管部门的种种限制，进一步增加规模的程度较小。

另外，再保险对风险调整不存在显著性的影响。这与再保险分散风险的基本职能是相悖的。究其原因，这与我国产险业的政策导向密不可分。从1996年开始，按照《保险法》的规定，各家产险公司把非寿险业务的20%办理法定再保险。后来我国加入WTO之后，从2003年开始法定再保比例逐年下降5%，截止至2006年法定再保才完全取消。可见，在本书的研究期间内，再保险程度并不能真正的反映产险公司的分保意愿，因此对于公司经营决策的影响有限。

三、稳健性分析

（一）针对 ΔCAP_t 和 $\Delta RISK_t$ 异常样本点的分析

下面对两类异常样本个体进行检验[②]：一是风险变化很大和很小的异常个体，二是资本变化很大和很小的异常个体。首先计算样本期间内34个公司 ΔCAP_t 和 $\Delta RISK_t$ 的均值，然后计算其10%（或者5%）和90%（或者95%）分位数，再分别以这两个分位数为标准，将34家公司中均值低于10%（或者5%）分位数和高于90%（或者95%）分位数的公司从样本中剔除。异常样本名称见表3.4。

[①] 例如，由于偿付能力不足，2009年安华农险未经批准投资股票，永安财险运用大额资金违规购买无担保可转换公司债券。

[②] 相对而言，中国的保险公司发展时间较短，因此对异常样本进行分析是检验稳健性的较好的方法。

表 3.4　　　　　　　　　　　异常样本点

	$\Delta CAP_t < -0.1415$		$\Delta CAP_t > 0.0384$		$\Delta RISK_t < 0.0088$		$\Delta RISK_t > 0.0198$	
0~5%	中华联合财产保险股份有限公司	-0.297	华农财产保险股份有限公司	0.174	法国安盟保险公司成都分公司	-0.0075	华农财产保险股份有限公司	0.0260
	都邦财产保险股份有限公司	-0.179	中国太平洋财产保险股份有限公司	0.050	永诚财产保险股份有限公司	0.0007	都邦财产保险股份有限公司	0.0241
5%~10%	渤海财产保险股份有限公司	-0.154	永安财产保险股份有限公司	0.048	中银保险有限公司	0.0087	三星火灾海上保险（中国）有限公司	0.0203
	永诚财产保险股份有限公司	-0.164	太阳联合保险（中国）有限公司	0.043	中国出口信用保险公司	0.0014	三井住友海上火灾保险（中国）有限公司	0.0226

基于以上数据，分别剔除基于 10%~90% 分位点资本变化异常的个体、基于 10%~90% 分位点风险变化异常的个体和基于 5%~95% 分位点资本和风险均变化异常的个体。估计结果见表 3.5。由于 3SLS 允许随机误差项存在异方差和自相关，其参数估计更具稳健性和有效性，所以这里只列出 3SLS 的估计结果。

表 3.5　　　　　　　　　　　稳健性检验结果

稳健性检验方法	剔除资本变化异常点（10%~90%）		剔除风险变化异常点（10%~90%）		剔除风险、资本均变化异常点（5%~95%）	
变量\方程	ΔCAP_t 方程	$\Delta RISK_t$ 方程	ΔCAP_t 方程	$\Delta RISK_t$ 方程	ΔCAP_t 方程	$\Delta RISK_t$ 方程
$\Delta RISK_t$	4.97*		4.25		4.75*	
	(1.92)		(1.23)		(1.73)	
ΔCAP_t		0.036**		0.024*		0.032**
		(2.20)		(1.71)		(2.44)

续表

稳健性检验方法	剔除资本变化异常点（10%~90%）		剔除风险变化异常点（10%~90%）		剔除风险、资本均变化异常点（5%~95%）	
$REINSU_t$	0.13	0.0076	0.13	-0.00072	0.039	0.023
	(0.70)	(0.38)	(0.69)	(-0.04)	(0.24)	(1.34)
$LINE\_HHI_t$	-0.31	0.046*	-0.27	0.055**	-0.29	0.046**
	(-1.27)	(1.96)	(-0.91)	(2.56)	(-1.22)	(2.04)
ROA_t	0.19		0.16*		0.16*	
	(1.38)		(1.72)		(1.82)	
$SIZE_t$	-0.17***	0.014***	-0.16***	0.011***	-0.17***	0.014***
	(-3.8)	(3.3)	(-3.35)	(2.71)	(-4.00)	(3.56)
$GROWTH_t$	-0.036		-0.019		-0.029	
	(-1.48)		(-1.46)		(-1.45)	
REG_{t-1}	-0.033	0.067*	0.019	0.059**	-0.019	0.068**
	(-0.43)	(1.80)	(0.25)	(2.09)	(-0.27)	(2.18)
CAP_{t-1}	-0.29***		-0.38***		-0.33***	
	(-3.32)		(-4.05)		(-3.85)	
$RISK_{t-1}$		0.37		0.29		0.4
		(0.95)		(1.09)		(1.36)
$REG_{t-1} \times CAP_{t-1}$	-0.44*		-0.47**		-0.46**	
	(-1.93)		(-2.41)		(-2.23)	
$REG_{t-1} \times RISK_{t-1}$		-0.65		-0.58*		-0.67**
		(-1.59)		(-1.90)		(-1.99)
R^2	0.20	0.28	0.13	0.11	0.31	0.14
样本数	114	114	116	116	124	124

注：括号中的数字是 t 统计量，***、**、* 分别表示在 1%、5%、10% 的水平上显著，这里省略了关于不同公司、不同时间的虚拟变量和常数的回归结果。每种回归结果下的样本数之所以不同，是因为公司的成立时间不同。

观察表 3.5，虽然回归系数的显著性有所下降，但是整体估计结果比较稳健。剔除资本变化和风险变化异常公司后，保费的增长率对资本的变化仅在 15% 内负向显著。这说明，对于大多数公司而言，保费的增长速度还是在可控的范围内，它们在追求保费规模和市场份额的同时，受监管约束、评级机构等力量的约束，也在不断的调整资本。

表 3.6　　　　　　　资本规模变化较大的公司的情况　　　　　单位：亿元

公司	时间	增资额	初始资本	资本变动率
华安财产保险股份有限公司	2009	2.9	2.1	1.38
三井住友海上火灾保险（中国）有限公司	2009	2	3	0.67
大众保险股份有限公司	2009	3.9	7.56	0.52
中国平安财产保险股份有限公司	2009	20	40	0.5
永安财产保险股份有限公司	2008	13.6	3.1	4.4
天安保险股份有限公司	2008	15	6.67	2.25
安信农业保险股份有限公司	2008	3	2	1.5
中国大地财产保险股份有限公司	2008	20.8	17.2	1.21
太阳联合保险（中国）有限公司	2008	2.6	2.4	1.08
渤海财产保险股份有限公司	2008	5.5	5.5	1
民安保险（中国）有限公司	2008	4.72	5.19	0.91
中国太平洋财产保险股份有限公司	2008	14	26.88	0.52
东京海上日动火灾保险（中国）有限公司	2008	1	2	0.5
中国出口信用保险公司	2008	22.6	40	0.57
中银保险有限公司	2007	14.1	5.3	2.65
安华农业保险股份有限公司	2007	2.1	2	1.05
大众保险股份有限公司	2007	3.36	4.2	0.8
三井住友海上火灾保险（中国）有限公司	2007	1	2	0.5
中华联合财产保险股份有限公司	2006	13	2	6.5
中国平安财产保险股份有限公司	2006	14	16	0.88
华安财产保险股份有限公司	2006	3	5	0.6
美亚财产保险有限公司	2006	2	4	0.5

资料来源：2005~2010 年《中国保险年鉴》、中国保险监督管理委员会网站、中国保险学会网站等。

（二）针对突然大规模增资的产险公司的分析

表 3.6 给出了样本公司的主要资本变化情况。不难发现，许多产险公司在某一年出现了资本的大规模变动。例如，2008 年，永安保险的注册资本由 3 亿增加到 16.63 亿元，资本变动率为 440%。

为了检验主要估计结果是否受这些资本大规模变动年份的影响,本书通过剔除资本变动率较高的公司相应年度的样本数据进行回归分析。因为样本公司增资的总次数较多,而总样本数据较小,综合考虑这些因素,本书分别选择剔除资本变动率高于 50% 的 22 个样本和资本变动率高于 100% 的 10 个样本数据做稳健性检验。估计结果见表 3.7。

表 3.7　　　　　　　　　稳健性检验

稳健性检验方法	剔除相对资本增长率高于100%的异常点		剔除相对资本增长率高于50%的异常点	
变量\方程	ΔCAP_t 方程	$\Delta RISK_t$ 方程	ΔCAP_t 方程	$\Delta RISK_t$ 方程
$\Delta RISK_t$	2.69		3.53	
	(1.11)		(1.29)	
ΔCAP_t		0.032**		0.037***
		(2.44)		(3.13)
$REINSU_t$	0.09	0.019	0.1	0.002
	(0.63)	(1.05)	(0.64)	(0.12)
$LINE\_HHI_t$	-0.19	0.04**	-0.26	0.046**
	(-0.89)	(2.00)	(-1.15)	(2.33)
ROA_t	0.14*		0.14	
	(1.72)		(1.62)	
$SIZE_t$	-0.16***	0.015***	-0.17***	0.012***
	(-4.30)	(3.91)	(-4.51)	(3.56)
$GROWTH_t$	-0.04*		-0.04*	
	(-1.82)		(-1.82)	
REG_{t-1}	0.014	0.066**	0.004	0.055**
	(0.22)	(2.13)	(0.06)	(2.00)
CAP_{t-1}	-0.44***		-0.41***	
	(-5.39)		(-4.91)	
$RISK_{t-1}$		0.34		0.23
		(1.11)		(0.86)
$REG_{t-1} \times CAP_{t-1}$	-0.3		-0.31	
	(-1.50)		(-1.41)	

续表

稳健性检验方法	剔除相对资本增长率高于100%的异常点		剔除相对资本增长率高于50%的异常点	
$REG_{t-1} \times RISK_{t-1}$		-0.65**		-0.51*
		(-1.96)		(-1.70)
R^2	0.47	0.23	0.45	0.27
样本数	135	135	123	123

整体而言,估计结果比较稳健。监管压力下资本的调整速度在15%的置信水平内显著。这表明剔除产险公司大规模调整资本的公司之后,资本充足的公司资本调整速度没有显著大于资本不足的公司。之所以出现这一原因,是因为许多产险公司资本变动年份的数据被删除,降低了产险公司的资本调整带来的冲击,进而弱化了资本调整的速度,因此它对资本影响的显著性随之降低。

第四节　研究结论与政策启示

本章利用2003~2009年我国34家产险公司的不平衡面板数据,对产险公司资本和组合风险的相关关系以及影响因素进行了实证分析。通过构建局部联立调整模型,并进行三阶段最小二乘回归分析,最终得到了稳健的实证结果。

首先,资本增加导致产险公司组合风险增加,盈利能力对资本的贡献较小。资本的增加导致产险公司的承保能力增强,由于资本的昂贵性和稀缺性,产险公司不会闲置资本,而是用于扩大承保面、增加业务量,所以公司的组合风险增加。这与我国产险业2003~2009年的实际发展情况是吻合的:公司经营初期一般会以保费规模为重点发展目标,随着规模的扩张,当资本不能够支撑产险公司业务的继续发展或者即将达到监管约束的临界点时,在公司盈利水平较差的现实条件下,公司会采取各种方式补充资本金,以保证业务规模的进一步扩大,而这又可能导致公司重新面临资本瓶颈而需要继续补充资本。这些发现对于当前产险公司的发展具有重要的意义。长期而言,通过外部融资来提高偿付能力、维持业务的继续发展只能暂时缓解发展压力,并非长久之计。产险公司必须一方面要重视资本管理，合理利用资本并严格控制资本成本；另一方面由于规模发展对资本要求的必然性在一定程度上掩盖了我国产险公司盈利能力差的现状。所以，产险公司必须积极转变业务发展方式，增强盈利水能力，提高公司内部的资本积累水平。

其次，偿付能力监管能够有效地降低风险，而且偿付能力充足的公司资本和风险调整的速度要大于偿付能力不足的公司。我国产险业正处于高速发展时期，从短期来看，产险公司必须积极寻求融资渠道，及时补充资本金以满足业务和机构发展的需要，否则公司很可能陷入偿付能力不足的发展困境。在监管方面，相关部门需要提高监督管理执行力度，重点关注业务发展快但资本调整慢的公司，督促他们及时增资。同时还要防止偿付能力低的公司因急于提高资本而采取的"冒险行为"以及偿付能力监管与公司内部发展脱离导致的无效率增资行为。

再次，险种集中度的降低能够有效减少公司风险。合理的业务结构对于提高公司的经营效益，规避经营风险，保持业务可持续发展至关重要。在保险市场主体多样化，保险竞争日趋国际化的背景下，产险公司需要不断挖掘市场、细化市场，培育新的业务增长点，多样化险种结构来拓宽业务领域和利润空间，同时降低公司的整体风险。

最后，再保险在产险公司的资本管理和盈利波动控制等方面起着不可或缺的作用，但是其职能在我国产险公司中并没有得到有效发挥。长期以来，许多产险公司都是重速度轻效益、重规模轻管理，对经营风险重视不足，这成为产险业发展的隐患。所以长期来看，利用再保险分散风险的技术水平将是制约产险公司实现健康、稳定发展的重要因素。基于此，各产险公司必须从原来法定分保的固定模式中尽快脱离出来，加强再保险实践，提高再保险水平，灵活运用再保险并使之充分发挥作为保险市场"安全阀"和"调控器"的重要功用。

第四章

产险公司经营管理的多目标属性与多目标规划理论

产险公司的经营存在多个发展目标，包括规模、利润、资本回报率、风险、监管等，基于此，本章首先分析了产险公司经营的多目标属性，并进一步指出了资本管理的多目标属性。所以对公司最优资本规模进行决策必须从多目标的角度进行展开。本章随后阐述了多目标决策理论，并对多目标规划理论及其求解方法作了系统总结，为多目标规划理论在产险公司的应用奠定理论基础。

第一节 产险公司经营管理的多目标属性

通过对我国产险业资本管理现状的分析发现，由于各产险公司纷纷扩大市场份额、增加保费规模，在偿付能力监管约束下，产险公司必须积极地融资，不断增加资本规模才能够保证自身的偿付能力，以维持公司的长期发展。这就涉及产险公司资本规模的选择问题，包括最优资本持有规模，或者最优融资规模等。

如何确定产险公司的最优资本规模呢？这需要从公司经营管理的多目标属性出发进行考虑。事实上，产险公司的管理机制并不是自动地启动和调节，而是由公司所有者或者管理者进行决策，从众多可能的行动中选择最优地满足预定目标的行为。虽然任何企业经营的最终目标是实现公司价值最大化，但是在经营过程中围绕这一终极目标还需要制定一系列相关的中介目标或者子目标来具体约束保险公司的经营管理，通过一套相对完备的目标体系来保证最终目标。

虽然价值最大化是所有企业追求的最终目标，但是每家公司在经营的过程中，由于所处的发展阶段或者宏观经济环境的差异，管理者所作出的决策并不始终完全与价值最大化的终极目标一致。也就是说，价值最大化是每家公司发展的整体指导性目标，但是在做具体决策时，还要根据具体的发展目标进行判断。长期来看，这些子目标是为终极目标服务的，所以与公司的价值目标是统一的；但是短期而言，这些目标可能与最终目标之间存在冲突、毫无关联或部分一致。所以在产险公司的决策管理中，必须多角度、全方位的考虑公司经营的多个发展目标，充分认识产险公司经营的多目标属性，防止片面追求单一目标导致的发展困境，从而实现对产险公司的有效管理。

按照不同的分类准则，可以将公司的目标划分为不同的种类。例如，按照目标的经济成分划分，存在经济目标和非经济目标，前者包括利润目标、成本目标、增长目标、销售目标等，后者包括社会认可度目标、品牌知名度目标、公司声誉目标等。按照目标的层次划分，有上层目标、中层目标和下层目标，这些目标的重要性依次递减并不断细化。按照不同的利益群体划分，主要有管理者目标、公司所有者目标、保单持有人目标、监管者目标。按照公司不同阶段的战略规划，可以分为营利性目标、稳健性目标和增长性目标。下面主要针对目标的层级和公司在不同发展阶段的目标展开讨论。

一、产险公司的层级目标

从价值最大化目标出发，可以对产险公司的发展目标划分不同的层级。这些目标层级是由价值最大化的总目标导出的，而每个子目标的实现又决定着总目标所达到的程度。首先，与实现价值最大化目标最密切的两个子目标是利润最大化和资本回报率最大化。投资业务和承保业务是产险公司经营的两条主线，那么要实现利润最大化，就要求承保利润和投资收益达到最大化，并且经营成本最小化。资本回报率是占用投资人资本的报酬，要使资本回报率最大，其中比较重要的一点就是要控制资本的摩擦成本。其次，虽然公司规模目标与价值最大化的目标看似相关性不大，甚至可能相互矛盾，但是它在提升公司价值过程中是必不可少的。只有产险公司达到一定的规模，其社会认可度才会提高，它才会有一定的国际竞争力，同时，它才能借助自身的规模优势寻求更大的发展空间。当前形势下，许多产险公司都把保费规模或者市场份额作为自身发展的重要目标。再次，产险公司在追求利润，扩大规模的过程中，还要严格的控制风险。

产险公司通过吸收保费而聚集了大量的风险，损失发生的不确定性使得产险公司比其他金融机构风险程度更高。损失的不确定性导致赔付现金流的不确定性，这使得投资基金也存在较强的不确定性。这些随机性的存在，加重了产险公司的经营风险，所以产险公司必须把防范和控制风险作为重要的辅助目标，保证产险公司的健康、稳定发展。最后，在各产险公司的发展还必须满足监管要求这一硬性目标。因为产险业具有一定的社会属性，其经营的好坏涉及千家万户的利益，直接影响经济发展的稳定和社会的和谐，这决定了产险业必然会受到严格的监管。满足监管机构设定的各种监管要求是产险公司得以生存并正常经营的最基本目标。

按照前文的研究思路，对利润目标、风险目标、规模目标等进一步细分，又会产生更深一层的细化目标，如图4.1所示。

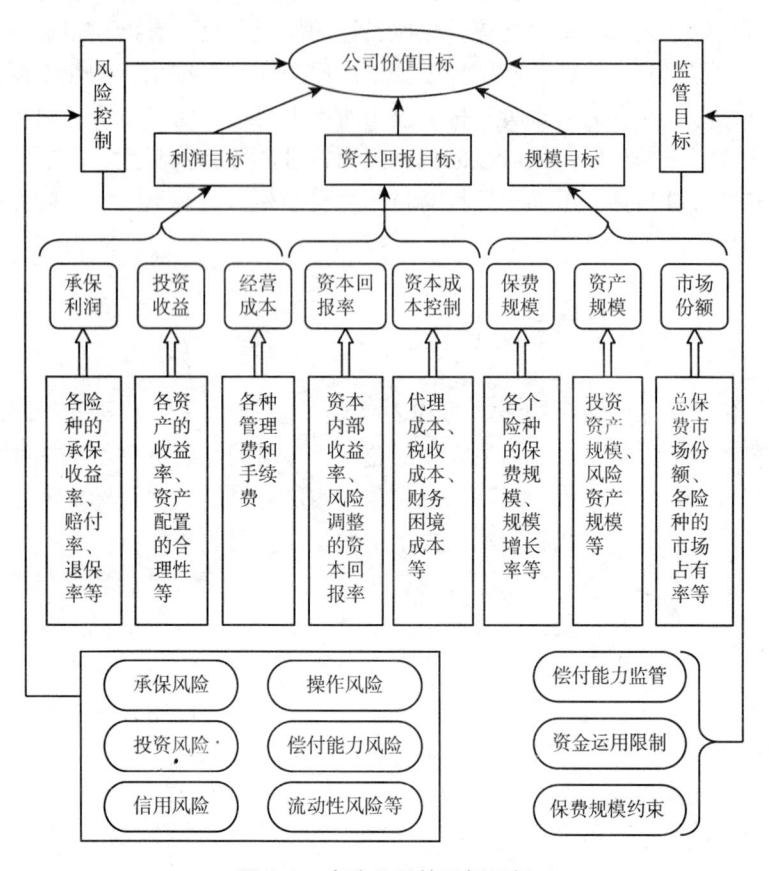

图4.1 产险公司的目标层级

以风险最小化目标为例,虽然实现这一目标并不能使公司价值最大化,相反,为了控制风险,决策者很有可能会放弃某些高收益项目,从而损害公司的价值目标。但是风险的管控却始终伴随着其他目标的实现,是为了在长期内提升公司价值。无论决策者偏重于利润最大化还是股东权益最大化,抑或规模最大化,风险目标始终贯穿其中。如图4.1所示,产险公司的风险主要有承保风险、投资风险、破产风险,对此进一步展开,有赔付率波动风险、利率风险、投资信用违约风险、资产负债不匹配风险以及偿付能力不足风险等。公司在进行产品、投资或者资本决策时,必须兼顾这些风险,否则很有可能引发破产危机,使公司陷入财务困境。

一般而言,要求目标达到绝对最大或者最小是不可能的。决策者在设定目标时,必须考虑目标的可实践性,如果它难于量化,或者无法评价,那么它的存在是没有意义的。决策者在制定目标时常常考虑以下特征。第一,每个目标的实现都对应着特定时间因素,在公司的生存期间内实现某个目标值是毫无意义的。管理者一般会按照期限将目标进行划分,长期发展目标一般为一年或者一年以上,而短期发展目标则多数在一年以内。有的也会在某一发展周期或者保险合同的延续期内设定目标。第二,目标可以转化为约束条件。在某一段时期内,产险公司可以追求目标最优化,最优的目标值是没有限定的。同时,它也可以追求达到某一目标值,如要求今年的利润至少是去年的1.5倍,此时,目标转化为约束条件。因此,许多经营目标体现在理论模型中既可以是最优化的目标函数,也可以是限制条件。但是有些目标则适合于作为限制条件出现。仍然以风险最小化目标为例,如果对目标值没有限定,那么风险越小越好,最佳的状态是控制公司的整体风险为零,但这是难于操作的,并且达到最优值的可能性很小。即使达到了这一结果,那么也会在很大程度上损害价值或者利润目标,而这是不合乎公司的经营理念的。所以,多数情况下,公司会限制风险的程度,如管理要求公司的破产概率不能超过5%等。

二、产险公司的阶段性目标

根据前述分析,公司的利润、风险、规模、资本回报同属于价值最大化下同一级的经营目标。然而,产险公司在不同的发展阶段对各个发展目标的偏重是不同的。产险公司在成立初期,资本相对富足,但是尚没有形成自己的产品市场。因此,产险公司会以扩大公司规模,增加市场份额为主要的经营目标，通过规模的扩大来提高社会认知度，增强市场影响力。随着公司规模的扩大，知名度的提高以及公司资本的不断消耗，公司的经营目标将逐渐转移到盈利水平上。公司经营是为了赚取利润，因此扩张规模不过是公司实现更多盈利的重要手段。当公司具备一定的规模和盈利能力时，管理者会将目标锁定在更广阔的空间，即通过公开募股上市。公司通过上市能够募集大量的、可永久性占有的资金，从而进一步扩大企业规模，已上市的公司的主要发展目标转变为市场价值的增长。当然，在公司不同的发展阶段，监管目标始终贯穿其中，严格约束公司的各种行为。

每家公司的发展策略和战略规划不同，在某一段时期内的战略性目标可能是追求公司经营的稳定性、安全性，也可能是追求公司的盈利水平，赚取更多利润，还有可能是追求公司的快速增长、价值的增值。从这个角度考虑，可以将公司的发展目标分为：稳健性发展目标、营利性发展目标和增长性发展目标，具体如图4.2所示。不同的发展策略对应的具体目标是不同的。

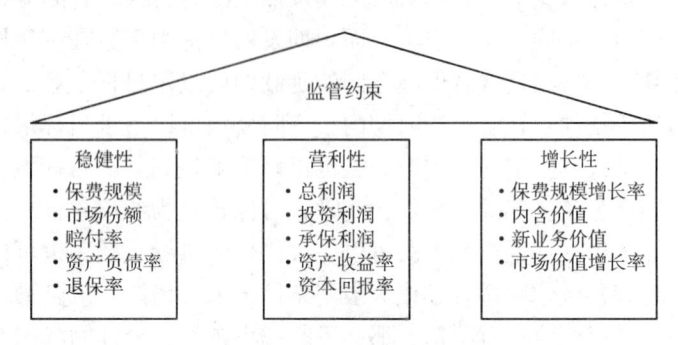

图 4.2 产险公司的阶段性目标

第二节 产险公司资本规模的多目标属性

关于资本管理的研究主要集中在三个领域：一是资本规模的研究，即计算最优资本持有；二是融资方式的研究，包括上市融资、发行债务、股东增资等；三是资本结构的研究，即确定权益资本与债务资本的比例。而产险公司的负债绝大多数是不能计入资本的，因为许多业务是短期的，而且存在较强的随机性。所以对产险公司资本结构的研究与资本量的研究在很大程度上存在同一性。本书的研究主要集中的第一个方面，即最优资本规模问题。

前已述及，产险公司经营过程存在多个发展目标，那么产险公司在进行资本管理，做资本的相关决策时，也必然从多目标的角度进行考虑。因为资本是产险公司生存和发展的基础，是公司生命线，所以产险公司的资本管理涉及产险公司的多个发展目标。整体而言，仅对最优资本额度做出决策时，主要涉及资本的摩擦成本、公司风险和监管目标，其关系如图4.3所示：

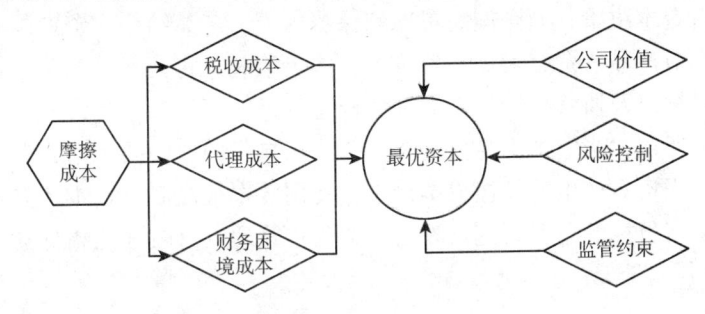

图4.3 资本的决定

首先，资本决策与公司价值紧密相关。根据MM不相关定理，在完全的市场环境下，资本与公司价值是独立的关系，但是由于市场存在诸多摩擦，资本的存在会产生代理成本、税收成本等，从而影响公司价值。所以，如果仅考虑公司的价值，则应该最小化资本的代理成本和税收成本，因此产险公司应该在现有条件下尽可能地减少资本的使用量。

其次，从风险最小化的目标出发，资本越多，公司抵御风险的能力越强。无论产险公司是因为投资失败还是遭遇意外巨灾损失，最后都会转化为投资风险、承保风险、资产负债不匹配风险、偿付能力风险、资金流动不足风险中的一种或者多种，而这些风险导致的最后结果是财务出现困境，公司面临破产危机。因此，从风险的角度或者从最小化财务困境成本的角度，产险公司持有的资本越多越好。充足的资本能够为产险公司提供长期稳定的运营成本，增强产险公司吸收风险的水平，提高整体的风险承受程度，减少公司出现破产的概率。

再次，产险公司以风险为经营对象、债权人是社会大众的特殊性导致公司必然受到严格的监管。而监管的重要内容之一就是偿付能力，即资本充足率。所以，产险公司的资本决策必须要满足监管目标。一方面，偿付能力管理规定要求产险公司应当具有与其风险和业务规模相适应的资本，确保偿付能力充足率不低于100%；《中华人民共和国保险法》也要求，产险公司应当具有与其业务规模和风险程度相适应的最低偿付能力。另一方面,《中华人民共和国保险法》规定,经营财产产险业务的产险公司当年自留保险费,不得超过其实有资本金加公积金总和的四倍。这些监管目标存在约束限额,因此,在建立数理模型时,宜将它们体现为限制条件。

最后,产险公司一直处于动态变化之中,保费规模、资产结构是时刻在变化的,资本结构与这些因素也息息相关。因此,产险公司往往不是单独的进行资本决策,而是同时考虑到保费规模、产品结构、资产配置等多个因素。对产品、资金运用、资本等整体决策时,将会涉及产险公司几乎所有的目标以及监管机构设定的种种监管目标。

综上所述,当资本满足监管要求和公司自身的风险要求时,资本才是充足的;当资本产生的摩擦成本最小,使用效率最高时,资本才是充分利用的。从多目标的角度研究产险公司的资本管理具有较强的指导意义和实践价值。

第三节 多目标决策问题

决策(Decision Making)是对行动的事先选择,是根据预定目标做出行动的决定。针对某个问题,为了实现对应的一个或者多个目标,在采取行动之前,决定者总会考虑并比较多个行动方案,最后才做出决定。狭义的决策是最后的选择,而广义的决策则是整个选择的过程。一般决策过程如图4.4所示。

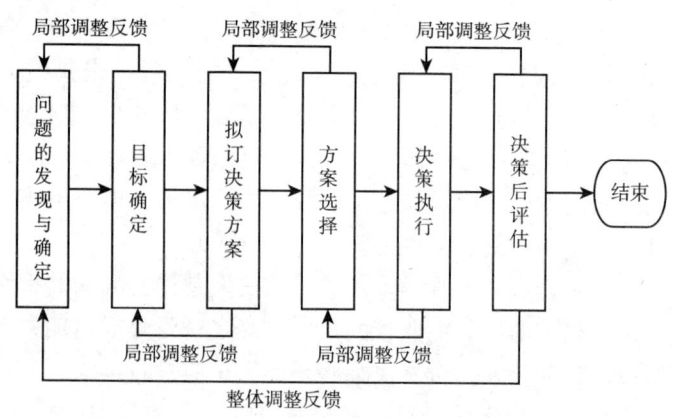

图4.4 一般决策过程

第四章 产险公司经营管理的多目标属性与多目标规划理论

问题的发现与目标的确定是决策过程中的两个重要环节,在复杂的决策管理活动中,敏感发现潜在的问题以及正确界定所发现的问题对于决策是非常重要的。界定问题的关键是如何在众多问题中找到核心的问题,在解决该问题的同时,也使其他问题得到简化。确定目标主要是指要掌握管理者的主观愿望指标体系,了解管理者的期望值以及该期望值与实际状态的差异,科学合理的确定决策的最终目的。在完成这两项工作之后,就需要拟订决策方案,并进行决策选择。具体而言,就是分析与问题相关的客观环境和约束条件等,寻找可能的决策方案,同时预测每个方案达到的目标的可能效果,然后选择最优决策。最后是执行这一决策,并对决策进行评估。如果效果不理想,则需要对整个决策过程进行调整。当然,在每个阶段,也要根据后一阶段的情况做局部调整,以便与最终目标相吻合。不难发现,一般的决策问题主要包含七个因素,分别是:决策者、期望目标、行动方案、约束条件、环境状态、准则与方法以及后果或者评价指标。

在社会经济实践中,管理者一般都是决策者,因此管理和决策之间存在密切的关系。诺贝尔经济学奖获得者、著名的管理学家 Simon 指出,管理就是决策。这表明了决策是管理活动的重要组成部分,在管理中具有核心地位,决策质量直接影响管理的效果。事实上,决策的重要性远大于此,它涉及人类活动的方方面面,是人类社会的重要活动之一。决策的好坏直接关系企业或者事业的成败,对于国家而言,决策正确与否将影响国家的兴衰存亡。

随着现代决策活动的日益复杂化、现实管理问题需求的增加以及数学理论和计算机技术的提高,决策理论得到了长足的发展。在众多现实问题中,多目标决策问题是所有决策问题的重点问题和主要内容。在实际生活和工作中,因为决策者追求的目标不同,评价一个方案的准则或者标准不止一个,这就导致了多目标决策问题。尤其是在企业管理中,多目标决策问题比比皆是。之所以称为多目标决策,是因为这些目标之间并不是完全一致的,多数情况下,目标之间是相互矛盾、相互冲突、相互制约、相互独立或者部分一致的,这使得多目标决策问题变得非常复杂。同时,多目标问题还常常伴随着目标之间不可公度的特性,即目标之间的度量标准或者计量单位是不同的。由于多目标决策这些特征的存在,采用解决单目标决策的问题的方案来解决多目标决策是行不通的。

对于单目标决策,如果方案是确定的,那么可以通过计算来比较分析;如果方案不确定,则通过判断比较进行分析。而对于多目标而言,由于存在多个目标,所以判断的标准和依据也是不同的,因此,就需要通过折中比较或者多目标规划方法进行分析,得到的是关于不同目标的调和解。随着决策问题复杂性的增加和计算科学的发展,多目标规划方法成为解决决策问题的主要方法之一,尤其是对于管理决策问题。产险公司作为企业,它具有一般企业和一般金融企业所追求的经营、发展目标。然而,它又是一个直接经营风险的、消费存在时滞性的、受到严格监管的、关乎广大社会公众利益的特殊金融企业。对这种复杂企业的未来发展进行决策时,必然需要用到多目标规划理论。

第四节 多目标规划理论

一、多目标规划概述

多目标规划的发展可以追溯到 18 世纪。Franklin(1772)提出了如何协调多目标之间矛盾的方法。之后,Cournot、Pareto 和 John Von Neumann 等从多个角度探讨了多目标决策问题。1951 年,Kuhn 得到了多目标向量机制问题有效解的必要条件。至此,多目标规划理论逐渐受到实务界和学术界的关注。顾名思义,多目标规划就是存在多个目标的规划问题。只要目标函数为两个或者两个以上,都可以归为多目标规划的范畴。一般的多目标规划问题具有如下的形式:

$$\begin{cases} \text{Min } F(x) = (f_1(x_1,x_2,\cdots,x_m),\cdots,f_k(x_1,x_2,\cdots,x_m)) \\ \text{Max } G(x) = (g_1(x_1,x_2,\cdots,x_m),\cdots,g_n(x_1,x_2,\cdots,x_m)) \\ \text{s.t.} \begin{cases} h_i(x_1,x_2,\cdots,x_m) \geq 0, i=1,\cdots,s \\ h_j(x_1,x_2,\cdots,x_m) \leq 0, j=s+1,\cdots,s+t \end{cases} \end{cases} \quad (4.1)$$

其中,$k+n \geq 2$;$F(\cdot)$ 和 $G(\cdot)$ 是函数向量,元素 f_i 和 g_i 是目标函数;$x=(x_1,\cdots,x_m)^T$ 是决策变量,$h_i(\cdot)$ 是约束条件。

模型(4.1)是混合模型,通过最大值与最小值的转化可以将模型(4.1)变为标准的多目标最大化或者多目标最小化模型。不同于单目标模型,多目标决策中经常不存在使所有目标达到最优化的解,而只能使其中的某些目标达到最优。若使另一些目标也达到最优,则会降低已经达到最优的目标的优化程度。所以多目标规划中经常不存在绝对最优解，其最优解是以有效解或者非劣解的形式出现。若 x 是有效解，则不存在另一可行解 y，使得 y 对应的所有目标函数的值都不劣于 x 对应的目标值，而且至少有一个 y 对应的目标要优于 x 相应的目标。由于多目标规划的有效解集中有效解的数目众多，因此，多目标决策的一个核心问题就是如何根据决策者的主观价值对有效解进行比较分析。

决策者在选择的时候需要在有效解之间进行权衡，进而得到最终的满意解。由于决策者自身的决策原则不同，因此，它们根据自身的偏好从众多有效解中得到的满意解也往往是不同的。如果能够将决策者的偏好信息、选择原则通过关于各个目标的效用函数来表示，那么就能够将多目标规划问题转化为单目标规划问题，进而借助单目标理论进行求解，然而事实上，很难得到能够确切表示决策者偏好的函数。所以长期以来，理论界对多目标的求解技术进行了深入的探讨，得到了许多求解多目标规划模型的一般方法。

但是实际问题中，即使是目标函数或者约束条件也可能难以用数学公式表达清楚，因此，学术界提出了两种不确定的多目标决策模型。即随机多目标决策和模糊多目标决策。前者的模型中包含随机向量，而后者则存在模糊系数向量。由于本书的限制，我们不对模糊多目标规划展开分析。对于随机多目标决策，主要有两种处理方式：一是观察到随机变量的值以后再进行决策，二是在随机变量未出现之前进行决策。下面对这些求解方法作具体分析。

二、多目标规划的求解方法

求解多目标规划最基本的途径就是将多目标规划转化为单目标。根据决策者给出的偏好信息、选择模式的方式，可以将多目标决策的计算方法分为三类。一是事先宣布类方法。即在优化之前，决策者已经一次性提供了充分的偏好信息。这种方法计算量比较少，通过一次优化就能够得到有效解。但是，决策者需要提供完备的偏好信息，这相对比较困难。二是交互式方法。决策者需要多次提供自己的局部偏好信息，从而不断更新计算结果，直到最后得到相对满意的解为止。这种方法要求与决策者进行多次对话，可能会加重决策者的负担，另外，不断计算也增加了问题的复杂性。三是事后宣布类方法。即决策者在分析者提供的有限的有效解中，根据自己的偏好信息,选择最满意的方案。该方法对决策者的要求较低,不需要提供决策偏好,但是,如果分析者提供的有效解集中解的数目较少,则可能遗漏决策者最偏好的方案,而若有效解的数目过多,则会加重计算负担。下面对多目标规划的具体求解方法作简要介绍。

(一)转化为一个单目标规划的方法

将多目标问题转化为单目标进行求解是计算多目标规划的基本途径。这一方法的关键是保证所构造的单目标规划的最优解是有效的或者弱有效的。主要的转化方法有以下几种。

1. 线性加权法

线性加权法是最简单、最常用的将多目标转化为单目标的方法,在理论上也具有重要的意义。所谓线性加权法就是按照目标的重要程度,对各个目标函数赋以不同的权重,然后加和形成单目标。即:

$$\text{Min} \sum_{i=1}^{n} (w_i f_i(x_1, x_2, \cdots, x_m))$$
$$\text{s.t.} \begin{cases} h_i(x_1, x_2, \cdots, x_m) \geq 0, i = 1, \cdots, s \\ h_j(x_1, x_2, \cdots, x_m) \leq 0, j = s+1, \cdots, s+t \end{cases} \quad (4.2)$$

其中,$w_i \geq 0$ 是权重,且 $\sum_{i=1}^{n} w_i = 1$。

2. 主要目标法

主要目标法是根据实际问题,确定一个目标是主要目标,然后按照决策者的经验,选取一定的界限值,将其他次要目标转化为约束条件。这样,就将原来的多目标问题转化成了新的约束条件下的单目标问题。以 f_1 是主要目标为例,多目标问题转化为:

$$\text{Min} \, f_1(x_1, x_2, \cdots, x_m)$$
$$\text{s.t.} \begin{cases} f_k(x_1, x_2, \cdots, x_m) \leq l_k, k = 2, \cdots, n \\ h_i(x_1, x_2, \cdots, x_m) \geq 0, i = 1, \cdots, s \\ h_j(x_1, x_2, \cdots, x_m) \leq 0, j = s+1, \cdots, s+t \end{cases} \quad (4.3)$$

其中,l_k 是各个次要目标的上限。这种方法简单易行,在保证次要目标所允许的取值的条件下,得到主要目标能达到的最优值。

3. 极大极小点法

极大极小点法是基于这样的思想:在最不利的条件下,寻找最有利的策略。因此,对于极小化的多目标规划,就需要将最大的目标值变得越小越好。于是，该方法的一般形式为：

$$\text{Min } U(x) = \underset{1 \leq i \leq n}{\text{Max}} \{w_i f_i(x_1, x_2, \cdots, x_m)\}$$
$$\text{s.t.} \begin{cases} h_i(x_1, x_2, \cdots, x_m) \geq 0, i = 1, \cdots, s \\ h_j(x_1, x_2, \cdots, x_m) \leq 0, j = s+1, \cdots, s+t \end{cases} \quad (4.4)$$

其中 w_i 是权重，反映各个目标的重要程度。

4. 理想点法

如果决策者能够针对每个目标给出一个目的值或者理想点值，使其满足：$\overline{f}_i \leq \text{Min} f_i(x), i = 1, \cdots, m$，则寻求的最优解就是使得对应的目标值距离理想点值最近。因此，我们需要在目标空间上引进某种范数来描述"距离"。以 p 阶范数为例，最优化问题为：

$$\text{Min} \left[\sum_{i=1}^{n} w_i \mid f_i(x_1, x_2, \cdots, x_m) - \overline{f}_i \mid^p\right]^{\frac{1}{p}}$$
$$\text{s.t.} \begin{cases} h_i(x_1, x_2, \cdots, x_m) \geq 0, i = 1, \cdots, s \\ h_j(x_1, x_2, \cdots, x_m) \leq 0, j = s+1, \cdots, s+t \end{cases} \quad (4.5)$$

其中 $1 \leq p \leq +\infty$。平方加权和理想点法是其中一种比较重要且较实用的理想点法，其目标函数为：$\sum_{i=1}^{n} (w_i(f_i(x_1, x_2, \cdots, x_m) - \overline{f}_i)^2)$，它是 2 阶范数的特殊情形。

（二）转化成多个单目标的方法

这种解法是指设法将原来的多目标问题在一定的现实意义下，转化成有一定次序的多目标问题，之后依次求解各个单目标规划，将最后的一个单目标问题的最优解作为整个多目标规划的最优解。与转化成一个单目标的情形类似，这也要保证所得到的最优解的有效性或者弱有效性。

1. 完全分层法

该方法的基本思想是根据决策者的偏好信息，将所有的目标进行排序，之后在前一个目标函数最优解的基础上，求解后一个目标函数的最优解。最后一个目标函数的最优解即整个多目标规划问题的最优解。因此，原来的多目标问题就转化为了多个单目标问题。假定将 n 个多目标排序以后，依次是 $f_1(x), \cdots, f_n(x)$，则按照分层排序法的思路，需要逐次求解以下问题。

$$(P_1) \text{ Min } f_1(x_1, x_2, \cdots, x_m)$$
$$\text{s. t.} \begin{cases} h_i(x_1, x_2, \cdots, x_m) \geq 0, i = 1, \cdots, s \\ h_j(x_1, x_2, \cdots, x_m) \leq 0, j = s+1, \cdots, s+t \end{cases} \quad (4.6)$$
$$\vdots$$
$$(P_k) \text{ Min } f_k(x_1, x_2, \cdots, x_m)$$
$$\text{s. t.} \begin{cases} f_l(x_1, x_2, \cdots, x_m) = f_l^*, l = 1, \cdots, k-1 \\ h_i(x_1, x_2, \cdots, x_m) \geq 0, i = 1, \cdots, s \\ h_j(x_1, x_2, \cdots, x_m) \leq 0, j = s+1, \cdots, s+t \end{cases} \quad (4.7)$$

其中，f_l^* 是前面的单目标问题的最优目标值。对于模型（4.6）与模型（4.7）这种不带宽容的情形，若某一层上的最优解唯一或者不存在时，则求下一层的最优解就失去了意义。于是，理论界研究出了一种相对宽松且允许目标函数值误差存在的方法。具体而言，就是将限制条件 $f_l(x_1, x_2, \cdots, x_m) = f_l^*$ 换成 $f_l(x_1, x_2, \cdots, x_m) \leq f_l^* + \varepsilon_l$，$\varepsilon_l \geq 0$ 是宽容值，用于扩大最优解的范围。按照分层排序法，最优解对排在前面的目标满足性较强，而对排在后面的目标，满足程度较差。但是，总能保证解的有效性或者弱有效性。

2. 分层评价法

完全分层法是将 n 个目标分成 n 优先层，而分层评价法是将 n 个目标分成 k 个优先层，$k \leq n$，这样，每层上的目标函数有一个或者多个。每一层上相同优先级别的多个目标又构成了新的多目标规划。所以，分层评价法也是按照优先级顺序依次求解，但每个级别上并不是单纯的单目标，而是存在多目标的情形。求解每个子多目标规划时，可以采取前述的处理多目标规划的方法进行求解。当 n = k 时，分层评价法就变成了完全分层法。

3. 重点目标法

如果上述的 n 个目标中，有一个目标是起关键作用的首要目标，而其余目标的重要性难以分清或者基本相同，那么就可以先求解关于这个首要目标的单目标规划，然后再在该目标最优的基础上，求解剩下的目标构成的多目标规划问题。具体而言，假定 f_1 是首要目标，那么首先求解模型（4.6）中的（P_1），之后，采用其他的多目标规划方法求解新的多目标问题：

$$\text{Min } F(x) = (f_2(x_1, x_2, \cdots, x_m), \cdots, f_n(x_1, x_2, \cdots, x_m))$$
$$\text{s. t.} \begin{cases} f_1(x_1, x_2, \cdots, x_m) = f_1^* \\ h_i(x_1, x_2, \cdots, x_m) \geq 0, i = 1, \cdots, s \\ h_j(x_1, x_2, \cdots, x_m) \leq 0, j = s+1, \cdots, s+t \end{cases} \quad (4.8)$$

由模型（4.8）得到的最优解即整个多目标规划的最优解。

4. 中心法

中心法的思想是：开始时任取一个可行解，然后由其构造一个单目标问题，并求单目标问题的最优解；若得到的解是多目标规划的最优解，则算法停止；否则，用得到的解再继续构造新的单目标，继续求解；如此反复，直到满足既定条件得到多目标规划的最优解为止。这是一种通过逐次递进、循环渐进来得到最优解的方法。具体而言，记多目标规划的约束集为 R，对于最小化的多目标规划问题，首先选取 R 中的任一可行解 x^0，假定 x^0 不是多目标规划的最优解，则宜构造关于 $F(x^0) = (f_1(x^0), \cdots, f_n(x^0))$ 的水平集：$R^0 = \{x \in R | F(x) \leq F(x^0)\}$ 以及相应的单目标函数：

$$d(x, R^0) = \prod_{i=1}^{n}(f_i(x^0) - f_i(x)) \prod_{j=1}^{s+t}(h_j(x^0) - h_j(x)) \quad (4.9)$$

注意，此处 h_j 是约束函数，而且全部是 $h_j \geq 0$ 的形式。求解该最大化 $d(x, R^0)$ 的单目标规划问题，得到解 x^1，若 $d(x^1, R^0) = 0$，则计算终止，x^1 即多目标规划的最优解。否则，按照类似的方式继续计算。如果在有限步之内不能得到满足 $d(x, R^0) = 0$ 的解，那么可以将得到的序列 $\{x^k\}$ 的近似极限作为多目标规划的最优解。

5. 逐步宽容约束法

这是一种交互规划法，即计算过程中需要决策者选择和分析者求解相结合。逐步宽容约束法的求解过程包括分析和决策两个阶段。在分析阶段，分析者利用理想点法求解多目标问题，之后将得到的解、对应的参考目标值、理想目标值一起提供给决策者；在决策阶段，决策者比较分析参考目标值和理想目标值，对已经满意的结果做出让步来对不满意的结果进行弥补，来改善不满意的目标；决策者把决策的结果给分析者继续求解。如此继续，直到决策者满意为止。

6. 目标规划法

这种方法的思想是：在约束条件限制下，使多目标规划中的目标函数尽可能的接近预定的目标值。不同于前面的理想点法，此处预定的目标值只是反映了决策者的期望，不存在任何限制，是满足既定条件的逼近解。目标规划法的基本形式如下：

$$\operatorname{Min}\Big[P_s \sum_{j=1}^{n}(\lambda_{s,j}^{+}\delta_{j}^{+} + \lambda_{s,j}^{-}\delta_{j}^{-})\Big]_{s=1}^{L}$$

$$\text{s.t.}\begin{cases} f_j(x) - \delta_j^{-} + \delta_j^{+} = f_j^0 \\ \delta_j^{-} \geq 0, \delta_j^{+} \geq 0, j=1,\cdots,n \\ h_i(x_1,x_2,\cdots,x_m) \geq 0, i=1,\cdots,k \\ h_j(x_1,x_2,\cdots,x_m) \leq 0, j=k+1,\cdots,k+t \end{cases} \quad (4.10)$$

其中 P_s 表示优先层级，共有 L 个层级。具体过程如下：首先计算第一层级 P_1，得到对应的最优解，然后求解 P_2，但是要以 P_1 的计算结果为限制条件。依次继续，每一步都是一个单目标规划，最后一个层级得到的结果是多目标规划的最优解。

（三）随机多目标规划

随机多目标规划是指模型的参数中含有随机变量。Stancu - Minasian 曾指出，随机多目标规划能够通过两种方式进行求解：一种是将随机多目标决策问题的多个目标函数分别转化为相应等价的确定目标函数，然后利用确定多目标决策方法进行求解；另一种是将随机多目标决策问题转化为随机单目标规划，借助随机单目标决策的思想求解。Ben-Albdelaziz（1992）称这两种方法为多目标方法和随机方法。他还指出，这两种方法均有缺点，前者没有考虑到随机多目标的随机性，后者没有考虑到多目标性。

对于解决随机多目标规划的多目标方法，常采用选择期望值、方差或概率分布来消除多目标规划的随机性，从而转化为确定的多目标形式。而对于随机多目标方法的随机性，一般按照类似与前面的将确定的多目标规划转化为单目标规划的形式进行转换，之后根据求解随机单目标规划的方法求解。具体问题的分析参见徐玖平、李军（2005）。

第五章

基于多目标规划的产险公司最优资本规模与资产配置

根据前面分析可知,当前产险公司的盈利水平较弱,盈利能力对资本的贡献较低,然而资本的增加能够有效提高产险公司抵御风险的能力。对于当前产险业的发展状况,长期而言,通过外部融资提高偿付能力、维持业务的继续发展只能暂时缓解发展压力,并非长久之计;但是短期来看,产险公司必须积极寻求融资渠道,及时补充资本金以满足业务和机构发展的需要,否则公司很可能陷入偿付能力不足的发展困境。所以,本章从产险公司多目标经营的角度,研究产险公司的资本规模和资产配置问题。

第一节 资本管理与资产配置的重要性及研究进展

一、资本管理与资产配置的重要性分析

资本能够缓冲产险公司出现非预期损失时的融资压力,因此有效的资本管理有利于产险公司的稳定经营。对于资本管理,保险监管部门与产险公司的出发点是不同的(Jarrow 等,2005),监管部门是在产险公司的保费和投资现状基础上,确定需要持有的资本水平;而产险公司一般是在现有的资本约束下,选择最优的险种和投资组合。但是注意到,我国近几年保费规模迅速增加,在监管部门、公司自身发展以及评级机构等外在力量的驱动下产险公司频繁[①]面临最优资本规模的选择问题。

保费增加导致可运用资产增多,这也对产险公司的资产配置提出更高的要求。事实上,资产配置对于我国产险公司的发展是尤其重要的,一方

[①] 根据中国保险监督管理委员会网站的信息统计,2011 年和 2012 年均有 20 多家(次)产险公司增加资本金,约占所有产险公司的 1/3 以上。

面,我国产险业的承保水平较低,精算技术不够发达,承保收益相对较差,许多产险公司甚至需要用投资收益弥补承保亏损;另一方面,近几年保险资金运用渠道逐渐多元化,产险公司面临巨大发展机遇和诸多挑战。产险公司必须明确资产配置的战略地位,制定科学高效的资产配置决策,来提高未来的经营业绩和整体竞争力。

资本管理和资产配置是偿付能力管理体系中的两个重要组成部分,产险公司需要结合自身的发展目标综合决策。公司经营主要是为了实现公司价值最大化,也就是使股东的收益达到最优,但这并不是公司发展的唯一目标。在资本市场不完全的外界环境以及监管部门的约束下,产险公司还必须将承保风险和投资风险控制在一定范围内。另外,由于资本的稀缺性,产险公司也必须控制资本成本。可见,资本管理和资产配置是一个多目标分析的过程,产险公司需要平衡不同目标之间的关系,实现最优的资产与资本管理。

二、资本管理与资产配置研究进展

当前国内外学者对资本管理和资产配置的研究主要集中在两个方面,一是在险种和资产结构下计算经济资本,二是在某些约束条件下选择最优资产组合或者资本水平。经济资本是监管者计量资本充足性的重要工具,同时也为产险公司的内部风险管理提供参考。研究经济资本的文章(Djehiche 和 Hörflet,2004;Dhaene 等,2006;Bisignani 等,2007)都试图在不同的风险分布假设和相依结构下得到最优的经济资本水平,并且他们强调经济资本与风险管理和投资决定之间的重要关系。在资产配置方面,Kahane 和 David (1975)以及 Bachman (1978)讨论了组合最优化问题,并得到均值方差模型的有效前沿,但是他们没有给出决定最优策略的具体原则。在他们的基础上,Kahane (1977),Cummins 和 Nye (1981)运用破产理论建立二次规划模型研究最优资产的配置,他们都是基于 Markowitz (1952,1959)的模型展开的。Li 和 Huang (1996)指出采用方差衡量承保和投资风险的缺陷,建立了基于机会约束的最优配置模型,但是它没有考虑不同资产和险种之间的相关性。之后学者的研究方向主要是将原有模型动态随机化,如 Hipp 和 Plum (2000)、Liu 和 Yang (2004)等引入跳—扩散过程、复合泊松过程等模拟风险或者收益。以上研究都是针对单目标模型,而且没有在整体上考虑产险公司的经营。而 Leibowitz 和 Henriksson (1988) 指出,产险公司作为投资者需要考虑多个目标。

在关于产险公司最优化问题的研究中,最优化模型的决策变量或者是资产和险种,或者是资产,或者是资本,很少研究资本管理和资产配置的联合最优问题。而 Froot 和 Stein (1998)、Peura 和 Keppo (2006) 以及 Lin 等 (2008) 的分析发现,风险管理和投资抉择是高度相关的,只控制资产或者资本仅会使得最优化问题达到次优。Mankaï 和 Bruneau (2009) 虽然研究投资策略与资本规模的最优决策问题,但是基于单目标的模型,这不能全面考虑产险公司经营管理中的多个发展目标。前已述及,产险公司的经营管理具有多目标属性,这些目标或相互补充、或相互矛盾、或相对独立、或具有不共度性,而多目标规划恰好是一种能够同时实现多个目标的数学优化方法。将多目标规划模型应用于产险公司的资本管理和资产配置中,能够提升产险公司管理决策的层次,真正体现了对产险公司整体管理的思想。多目标规划不仅能够针对产险公司经营管理的某一方面建模,而且能够从整个公司的角度建模分析,从而能够帮助公司管理者统筹决策。

根据上述分析发现,现有研究尚没有建立关于产险公司最优资本规模和资产配置的多目标规划模型。下面将建立基于多目标规划的最优资本规模与资产配置模型,来实现产险公司的价值最大化、风险最小化以及资本控制等目标,并将最优决策结果与产险公司的实际经营情况进行比较分析。

第二节 基本模型

假定产险公司期初持有资本 C;保户在期初缴纳保费,产险公司的保费收入为 P。由于业务的快速发展,产险公司需要增加资本以满足自身发展的需要和偿付能力充足率标准。设产险公司需要决策增加的资本金为 ΔC,产险公司在期初增加资本并收取保费,之后将 $(P + C + \Delta C)$ 投资于 N 种资产。其中第 i 种资产的收益率为 r_i,投资比例为 x_i。在经营的过程中产险公司还面临诸多成本,包括融资成本、机会成本、税收成本等,它们对公司价值增值存在重要影响 (Zhang, 2006)。根据 Perold (2005)、Chandra 和 Sherris (2007),我们设定融资成本为增资额的常数比例,机会成本和税收成本均是期末资产的常数比例,成本率分别记为:α, c, τ。期末资产 $\tilde{A}$ 为:

$$\tilde{A} = (P + C + \Delta C)(\sum_{i=1}^{N} x_i(1 + r_i)) - C_\alpha - \tilde{L} \qquad (5.1)$$

其中，$\tilde{L}$ 为期末赔付，是所有险种损失的加总；C_α 是融资成本。为了实现公司整体经营的各种目标，产险公司需要选择合适的资本和资金运用策略。

一、目标的设定

从公司经营的角度，产险公司的最终目标是为了实现价值最大化，其所有行为都应该能够增加价值（Hancock 等，2001）。根据 MM 定理，在完全市场下，公司价值与资本之间是独立的，资本持有不会影响价值最大化的目标，公司负债经营是最优的发展策略。但事实上，市场是不完备的，传统的金融理论在现实中并不完全成立。因此，机会成本、融资成本、财务困境成本、税收成本等一系列资本成本的存在就为产险公司持有资本提供了合理性。毫无疑问，资本的选择首先需要满足公司的价值目标。

已有的研究资产配置的文献中（Hipp 和 Plum，2000；Liu 和 Yang，2004），多数以投资收益最大化或者投资者效用最大化[①]为目标，但是对于整个公司而言，投资决策是为公司价值增值服务的，并且在不存在资本选择时，公司价值目标与投资收益目标是一致的。因此，资产配置策略需要满足公司价值最大化这一终极目标。

美国 Sterm Stewart 公司于 1991 年提出经济增值（Economic Value Added，EVA）的概念，并将其作为公司经营情况的指标设计了一名员工激励和业绩评价系统。EVA 常被用于衡量价值创造能力，这一评价指标既考虑了净利润，又兼顾了资本的投入额和收益率，因此受到广泛应用。EVA 的应用能够使得管理者和股东的利益趋于一致，使得管理者不再单纯追求短期利润，而是逐渐注重企业发展的长期性和持续性。产险业是资本密集型行业，因此资本成本对产险公司的经济价值产生重要影响，所以当对产险公司进行资本管理决策时，必须充分考虑资本成本。由于 EVA 能够更直观地反映公司的价值创造能力，并且与本书研究其他目标的量纲一致。因此，采用它来衡量公司的价值目标。即：

---

① 这里的效用函数一般是指关于资产收益率或者资产收益波动方差的函数。

$$EVA = (1-c)\tilde{A}(1-\tau) - C - \Delta C \tag{5.2}$$

近几年，我国保费规模以 20% 左右的水平增长，由于监管约束和机构扩张等因素的需要，产险业出现了持续性增资热潮。在保费迅速增长的严峻形势下，产险公司必须及时地补充资本金，才能维持公司的正常发展，否则很容易陷入偿付能力不足的境地。产险公司如果出现偿付能力不足，一方面它会在设立分支机构、高管薪酬等方面受到种种限制，另一方面也会影响保户的投保心理，不利于公司经营的稳定性。因此，产险公司在资本管理的过程中，必须尽量避免陷入财务困境，防止出现高额融资成本或者偿付能力不足。Hancock 等（2001）认为，财务困境成本主要是指产险公司在处于困境时，会失去一些无形的价值创造机会，包括引进新的、有利可图的业务，增加或者留住一些有才能的员工等。从这个角度考虑，产险公司需要最小化未来可能的财务困境成本，它是期末资产的减函数（Chandra 和 Sherris，2007；Perold，2005），记为 $C_f = \text{Max}(0, -f\tilde{A})$。

由于产险公司经营的特殊性，它比一般的金融机构面临的风险更大。风险控制虽然不是产险公司经营的目的性目标，但是产险公司要保持健康稳定、实现持续性发展，就必须加强风险管理，降低风险水平。产险公司在进行资产配置时，追求高投资收益率的同时，必须尽量降低投资风险，因为高收益总是伴随着高风险。为了研究的方便，本书假定不同资产的投资收益和风险是确定的，资产 i 的收益率标准差为 σ_i，i 和 j 的相关系数为 $\rho_{i,j}$，整体投资风险表示为：

$$\sigma^2 = (P + C + \Delta C)^2 \sum_{i=1}^{N} \sum_{j=1}^{N} x_i x_j \rho_{i,j} \sigma_i \sigma_j \tag{5.3}$$

二、约束条件

产险公司除了考虑投资风险外，还应该关注承保风险。公司在经营的过程中，需要将非预期损失控制在一定的范围内，防止发生破产危机。金融机构广泛采用的 VaR 模型来测度风险，但是 VaR 隐含着线性特性和正态性等联合假设，对于因风险因子波动产生的极端情况，VaR 的不足进一步放大，它没有考虑尾部重大损失分布情况（Artzner 等，1999；Szego，

2005；Adam 等，2008)。而 CVaR 则重点关注尾部损失，属于一致性的风险测量方法[①]，弥补了 VaR 的缺陷，在学术界得到广泛应用。因此本书采用 CVaR 约束破产损失。对于给定的置信度 $\beta \in (0,1)$ 和可接受的最低净资产水平 A^*，有：

$$CVaR_\beta(\tilde{A}) = E(\tilde{A} \mid \tilde{A} \geq VaR_\beta) \geq A^*，其中 VaR_\beta = \inf\{a \in R \mid \Pr(\tilde{A} < a) < \beta\}。$$

产险业作为现代经济的重要产业，它不但是现代金融的重要支柱、市场经济下风险管理的重要手段，而且是社会保障体系的重要组成部分，在服务国家、经济、社会方面的作用日益突出。产险公司的经营直接关系到广大人民群众的切身利益，从这个意义上讲，产险业不只是以盈利为目的的企业，它在维护社会稳定团结中也具有重要作用。基于保险行业特殊的经济社会地位和特有的经营方式，所以一直以来国家保险监管部门对于产险业实施了一系列严格的监督管理，这在保险资金的运用和产险公司的偿付能力上表现尤为突出。在投资方面，中国保险监督管理委员会 2010 年《保险资金运用管理暂行办法》规定了保险资金运用管理办法，对各类资产所占的比例作了具体限制。该办法规定，保险资金运用仅限于银行存款、不动产和债券、股票、证券投资基金等有价证券以及国务院规定的其他资金运用形式。在偿付能力额度方面，《产险公司偿付能力管理规定》规定，产险公司应当具有与其风险和业务规模相适应的资本，并且按照偿付能力状况将产险公司分为三类，其中充足Ⅱ类公司要求偿付能力充足率高于 150%。这里以充足Ⅱ类为约束条件，建立多目标资本管理和资产配置基本模型如下：

$$\text{Min}(-EVA, \sigma, C_f)$$

$$\text{s.t.} \begin{cases} C + \Delta C \geq 1.5C^* \\ h_i \geq x_i \geq l_i, i = 1, 2, \cdots, M \\ x_1 + x_2 + \cdots + x_M = 1 \\ CVaR_\beta(\tilde{A}) \geq A^* \end{cases} \quad (5.4)$$

[①] 一致性风险度量满足：单调性、正向齐次性、次可加性、转移不变性。

第三节 模型求解

本节首先对不同险种的赔付额进行分布拟合,在此基础上,对多目标规划模型作数值分析,计算最优的管理决策,并与产险公司的实际经营情况进行比较分析。

一、损失的分布

为了求解模型 (5.4),需要首先得到各个险种损失额的分布,生成 K 个险种损失随机序列,然后代入方程 (5.5) 和方程 (5.6) 中进行数值求解。

$$EVA = (1-c)\left\{\frac{1}{K}\sum_{j=1}^{K}\left((P+C+\Delta C)(\sum_{i=1}^{N}x_i(1+r_i))\right.\right.$$
$$\left.\left. - C_\alpha - L^j\right)\right\}(1-\tau) - C - \Delta C \quad (5.5)$$

$$CVaR_\beta(\tilde{A}) = \frac{1}{H}\sum_{j=1}^{K}\left\{(P+C+\Delta C)(\sum_{i=1}^{N}x_i(1+r_i))\right.$$
$$\left. - C_\alpha - L^j\right\} \cdot I(L^j \geqslant VaR_\beta(\tilde{L})) \geqslant A^* \quad (5.6)$$

其中,$H = \sum_{j=1}^{K} I(L^j \geqslant VaR_\beta(\tilde{L}))$,$I(\cdot)$ 是示性函数,条件成立为 1,否则为 0。L^j 是随机总损失。

本书以 2005~2009 年的所有财产险公司为研究对象①,并将主要险种分为五大类来分析不同险种的损失率分布。由于险种之间并不独立,所以必须考虑它们的相关性,因此有必要引入 Copula 函数来模拟损失率分布。Copula 理论的产生可以追溯至 1959 年,Sklar 通过 Sklar 定理将 Copula 函数与多元分布联系在一起,采用 Copula 函数和边缘分布构造多元分布函数。实际上,Copula 函数是将联合分布和各变量的边缘分布连接起来的函数,它描述了变量之间的结构关系。所以,Copula 函数也称为连接函数。由于 Copula 函数能够较好地刻画变量之间的非线性相依关系,因此该方法在金融市场风险管理应用中得到迅猛发展,并不断地向各个领域渗透。

---

① 这里选取包含所有险种的财产险公司,以得到较为准确的险种之间的相关性。

在 Copula 理论中，Elliptical Copula 函数是由一定的椭圆分布构建，具有对称的尾部相关性，因其性质良好且模拟易于实现，所以常常用于处理复杂的多变量相依结构，尤其被广泛应用于金融风险的测量中。这一函数类下的 t-Copula 函数具有相对较厚的尾部，对变量之间的尾部相关性较为敏感，所以它广泛用于研究各险种业务之间的关系。Demarta 和 McNeil（2005）指出 t-Copula 函数能够捕捉风险的极端尾部相依结构，可以灵活地模拟和校准风险。Shim 等（2010）利用它研究了美国产险业务的承保风险；占梦雅和武述金（2010）通过分析我国产险公司的业务，发现 t-Copula 函数能较好地拟合承保业务风险的尾部相依性。基于以上研究，本书也采用 t-Copula 函数来拟合生成不同险种的随机损失。

为了研究的方便，本书将险种分为企业财产险、机动车辆险、责任与信用保证险、货物运输险和其他保险五个类别。由于各产险公司的业务结构不同，因此每个险种的赔付率也存在差异。由于中国人民财产保险股份有限公司、中国平安财产保险股份有限公司和中国太平洋财产保险股份有限公司的产险经营时间较长、业务相对稳定，所以本书主要根据这三家公司 2003～2010 年各险种的赔付率数据进行整理。对这几个险种的赔付率作分布拟合，并通过 Kolmogorov-Smirnov（简称"K–S"）统计量、Anderson-Darling（简称"A–D"）统计量以及 Chi-square（卡方）统计量进行检验以选取拟合结果最优的分布函数。其中，K–S 统计量是检验单一样本是否来自某一特定分布的方法[1]；A–D 统计量用来度量数据服从某种特殊分布的程度；卡方统计量也用于检验样本是否服从某理论分布。最终得到各产险业务赔付率的最优拟合分布如表 5.1 所示。

表 5.1　　　　　　　　各险种赔付率分布拟合结果

险　种	最优分布	分布参数	K–S 统计量	A–D 统计量	卡方统计量
企业财产保险	Gamma	$\alpha=15.678\quad \beta=0.03614$	0.11844	0.3295	2.9903
机动车辆保险	Gamma	$\alpha=37.05\quad \beta=0.01482$	0.10242	0.21463	4.5097
货物运输保险	Gamma	$\alpha=53.098\quad \beta=0.007$	0.12045	0.3884	1.1483
责任信用保证保险	Lognormal	$\alpha=0.189\quad \mu=-0.839$	0.13767	0.43849	1.1064
其他保险	Gamma	$\alpha=10.72\quad \beta=0.0312$	0.16215	0.6294	2.552

---

[1] 如检验一组数据是否为正态分布。它的检验方法是以样本数据的累计频数分布与特定理论分布比较，若两者间的差距很小，则推论该样本取自某特定分布族。

在以上分析基础上，通过 Matlab 程序得到各险种损失率的 t-Copula 函数相关系数、Kendall 秩相关系数和自由度，如表 5.2 和表 5.3 所示。其中，Kendall 秩相关系数考察变量之间的变化趋势是否一致，体现了相关性与一致性测度的联系。

表 5.2　　各险种损失率的 t-Copula 函数相关系数和自由度

相关系数	企业财产保险	机动车辆保险	责任与信用保证保险	货物运输保险	其他保险
企业财产保险	1	0.2224	0.3665	0.1589	0.4962
机动车辆保险	0.2224	1	0.2901	0.6316	0.0071
货物运输保险	0.3665	0.2901	1	0.2658	0.3917
责任与信用保证保险	0.1589	0.6316	0.2658	1	0.1523
其他保险	0.4962	0.0071	0.3917	0.1523	1
自由度			4.4764		

表 5.3　　各险种损失率的 Kendall 秩相关系数

相关系数	企业财产保险	机动车辆保险	责任与信用保证保险	货物运输保险	其他保险
企业财产保险	1	0.1428	0.2389	0.1016	0.3306
机动车辆保险	0.1428	1	0.1874	0.4352	0.0045
货物运输保险	0.2389	0.1874	1	0.1713	0.2563
责任与信用保证保险	0.1016	0.4352	0.1713	1	0.0974
其他保险	0.3306	0.0045	0.2563	0.0974	1

依据原始各个险种的赔付数据拟合得到的 t-Copula 函数，通过模拟生成不同险种的赔付率随机数 $\tilde{r}_i^L$。图 5.1 中是一些险种的随机赔付率线性相关散点图。于是，若险种 i 的保费是 P_i，则赔付额为 $\tilde{L}_i = \tilde{r}_i^L P_i$。将模拟得到的随机赔付率数据与这五个险种的保费数据结合，就产生一系列随机赔付额，然后代入方程（5.5）和方程（5.6）中就可以通过数值分析得到最优的资本和资产配置决策。

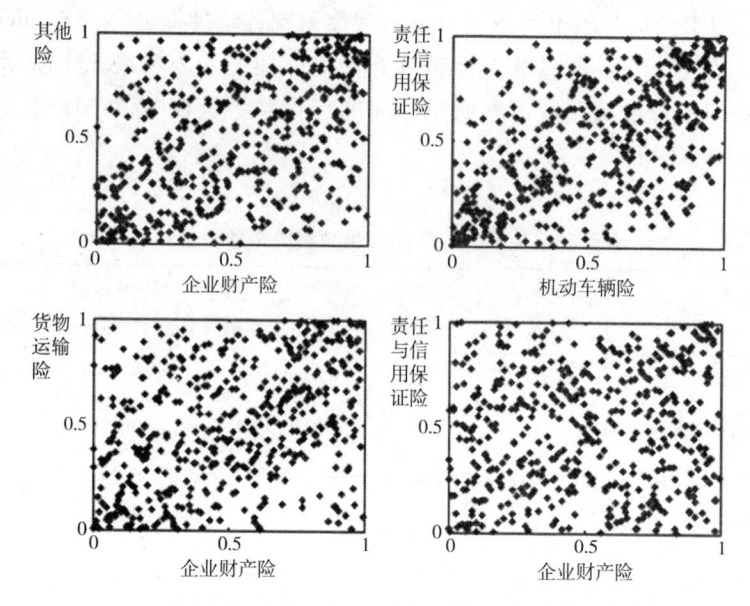

图 5.1 随机赔付率数据线性相关散点图

二、其他参数的设定

由于产险公司的实际投资情况难以获得,因此,这里依据 2009 年和 2010 年的上证股票、基金、国债、公司债指数得到不同风险资产的收益率和协方差。为了研究的方便,假定产险公司投资于三类资产:无风险资产、股票与基金、公司债券。根据保监会关于产险业资金运用的规定,这里将上证股票和上证基金指数合并调整得到"股票和股票型基金"的投资收益率;将国债和银行存款合并得到无风险资产的投资情况;对于不同资产类型的投资限额这里作了局部修正。根据 2008 年修订通过的《中华人民共和国营业税暂行条例》,金融产险业的营业税税率为 5%。保费与初始资本的设定主要参考我国某产险公司的现行数据,具体如表 5.4 所示。

表 5.4　　　　　　　　　　变量设定值

	名　称	变量	设定值		名　称	变量	设定值
保费	企业财产保险（亿元）	P_1	30.91	投资收益率（%）	无风险资产	r_1	2.25
	机动车辆保险（亿元）	P_2	294.60		公司债	r_2	3.90
	责任信用保证保险（亿元）	P_3	11.13		股票以及基金	r_3	18.00
	货物运输保险（亿元）	P_4	7.35	收益波动标准差	公司债	σ_2	0.012
	其他保险（亿元）	P_5	22.05		股票以及基金	σ_3	0.26
	初始资本（亿元）	C	50.47	投资限制（%）	无风险资产	l_1	20
	最低资本（亿元）	C^*	32.93		公司债	h_2	60
	相关系数	ρ_{23}	−0.000002		股票以及基金	h_3	40

除此之外，因为产险公司中各种资本成本率无法得到，所以我们参考国外相关文献中的设定。具体而言，根据 Chandra 和 Sherris（2007）假定 c 为 2%，f 为 12%；参考 Mankai 和 Bruneau（2009）选择 α 为 5%。假定产险公司可接受的破产概率为 0.1%，可承受的最低期末净资产水平为 0。

三、模型求解

在赔付率分布拟合和参数设定的基础上，我们下面对模型进行求解。整体求解思路如下：首先根据过去的损失经验选择 Copula 函数，确定相关参数；然后利用 Copula 函数进行随机模拟，生成损失数据，得到相应的损失分位数；将相关参数代入模型（5.7）中，求解多目标规划问题。

$$\text{Max } (1-c)\left\{(P+C+\Delta C)(\sum_{i=1}^{N} x_i(1+r_i) - \alpha\Delta C - \sum_{s=1}^{M} P_s(\frac{1}{K}\sum_{j=1}^{K}(\tilde{r}_s^j)))\right\}(1-\tau) - C - \Delta C$$

$$\text{Min } \sqrt{(x_2^2\sigma_2^2 + x_3^2\sigma_3^2 - 2x_2x_3\rho_{23}\sigma_2\sigma_3)(P+C+\Delta C)^2}$$

$$\text{Min } -f\tilde{A}I(\tilde{A}<0)$$

$$\text{s.t.} \begin{cases} C + \Delta C \geq 1.5C^* \\ x_1 \geq l_1, x_2 \leq h_2, x_3 \leq h_3 \\ x_1 + x_2 + x_3 = 1 \\ \dfrac{1}{H}\sum_{j=1}^{K}\left\{(P + C + \Delta C)(\sum_{i=1}^{N} x_i(1+r_i)) - C_\alpha - L^j\right\} \cdot \\ I(L^j \geq VaR_\beta(\tilde{L})) \geq A^* \end{cases} \tag{5.7}$$

根据第三章的分析，常用的求解多目标的方法有评价函数法、分层求解法、目标规划法、ε-约束法以及各种智能算法。其中评价函数法又包含理想点法、线性加权法、平方加权法、极大极小法等（杨保安、张科静，2008）。这些方法都需要借助决策者的偏好信息，设定相应的权系数或者理想点进行求解。而不同公司的经营情况是不同的，所以即使对于相同的多目标规划下的资本管理与资产配置模型，最终得到的最优决策也会因为公司的发展目标、管理能力等实际问题而出现差异。

我们主要对模型（5.7）做以下几个方面的求解分析。首先，采用线性加权法求解多目标模型，即目标函数变为：

$$F(x) = \lambda_1 f_1(x) + \lambda_2 f_2(x) + \lambda_3 f_3(x)$$

其中 f_i 和 λ_i 分为目标和权重，$i=1,2,3$。通过线性加权法，对模型中的各个目标选择不同的权重，将求解得到的最优决策进行比较分析。通过第一种方法，我们可以得到各个目标的理想点。然后借助线性加权法下的理想点采用理想法求解模型（5.7）。目标函数为：

$$F(x) = (f_1(x) - f_1^*)^2/f_1^* + (f_2(x) - f_2^*)^2/f_2^* + (f_3(x) - f_3^*)^2/f_3^*$$

其中，f_i^* 为对应目标的理想值。为了保证对目标度量的一致性，这里的权重选为理想值的倒数。前已述及，模型中的参数主要参考了中国平安财产保险股份有限公司 2009 年的经营数据，所以，这一部分将产险公司的实际经营结果与多目标规划模型的求解结果作比较分析。最后，在采用理想点法对多目标规划模型的计算中，产险公司的预期目标，即模型中的理想点也是非常重要的，它的设置对模型得到的最终结果也存在直接影响。因此，我们还对不同的理想点下的决策结果作了讨论。

第四节 最优决策结果分析

一、权重分析

在多目标规划模型的求解中,不同目标之间的权重关系或者优先次序对最终决策的影响非常大。为了体现这一点,以下针对三个不同目标的不同权重作了分析。不同权重下,基于多目标规划的最优资本规模和资产配置模型的计算结果如表 5.5 所示。

表 5.5 不同权重下的模型计算结果 单位:亿元

	变量	模型一	模型二	模型三	模型四	模型五
权重	经济增值(EVA)	0.50	0.33	1	0	0
	投资风险	0.30	0.33	0	1	0
	财务困境成本	0.20	0.33	0	0	1
投资比例	无风险资产	0.20	0.37	0.20	1.00	0.25
	公司债	0.60	0.60	0.40	0.00	0.60
	股票与基金	0.20	0.03	0.40	0.00	0.15
	最优增资额	40.83	53.37	28.45	60.33	44.24
	经济增值(EVA)	214.00	201.46	226.38	194.53	210.59
	投资风险	24.01	4.82	46.33	0	18.54
	财务困境成本	10.96	12.46	11.37	13.30	9.37
	损失缺口	0	0	0	0	0

在模型一中,价值增值、投资风险和融资困境成本的目标权重分别为 0.50、0.30、0.20。在这种情况下,采用线性加权法得到的最优投资比例为:无风险资产占 20%,公司债占 60%,股票与基金占 20%。最优增资额为 40.83 亿元。将最优决策解代入各个目标中,得到价值增值为 214 亿元,投资风险为 24.01 亿元,融资困境成本为 10.96 亿元。损失缺口即 CVaR 的计算结果,按照本模型的计算结果,产险公司的尾部风险已经在产险公司可承受的范围内得以控制,损失缺口为 0。

模型二中选择三个目标的重要性相同,权重均为 0.33。相对于模型一而言，价值增值目标的权重降低，而投资风险的权重增加，所以对应的产险公司需要投资于无风险资产的比例增加，而投资于股票和基金的比例降低。融资困境成本的权重也相对于模型一有所增加，产险公司需要增加更多的资本来防止公司陷入财务困境。

不同于模型一和模型二，模型三、模型四、模型五偏重于某一个目标。模型三显示，当以产险公司价值增值为单一目标时，公司无风险资产、公司债和股票与基金的最优投资比例分别为20%、40%、40%，最优增资额为28.45亿元。这一情形下，价值增值的目标值达到最大，即226.38亿元。模型四中，产险公司的经营仅考虑公司的投资风险，其他两个目标的权重均设为0。多目标规划模型的求解结果是产险公司投资于无风险资产的比例为100%，这与一般的结论相吻合。此时投资风险目标达到最小值0。模型五要求财务困境成本最小，它既要求公司的投资收益较大，又要求产险公司持有较多的资本。最终得到的投资比例分别是25%、60%、15%，最优增资额为44.24亿元。所以财务困境成本目标的理想值是9.37亿元。

通过以上分析发现，多目标权重不同时，求解多目标规划模型得到的最优决策差异很大。试想，如果产险公司仅从单一目标出发进行决策时，其对最终结果的影响是非常大的。例如，管理者只关注公司的价值增值，那么他们势必会利用尽量少的资本来获取尽量多的收益。当EVA目标权重为1时，公司价值增值最大，但是其投资风险较大。如果产险公司长期按照这样的经营目标发展，风险就会不断累积，最终可能危及公司的生存与发展。而如果公司管理者谨小慎微，对风险过于关注，导致公司经营利润不高，那么也会引起公司股东的不满，不利于公司的长期发展。所以，公司管理者必须充分考虑公司发展的多个目标，合理权衡不同目标之间的关系。

虽然多目标规划模型充分考虑了产险公司经营管理的各个目标，但是，如果决策者没有从产险公司所处的实际情况出发合理选择当前的发展目标，就很有可能导致管理决策出现偏差，甚至不如通过最优化单一目标求解得到的结果。表5.5是根据不同的权重计算得到的最优决策，合理的权重是多目标规划模型求解的前提，切忌根据最优决策反推权重或者发展目标，虽然决策结果可能是比较吸引人的，但是可能不适合公司当前的发展，或者与当时的经济环境不符。如果宏观经济环境处于比较低迷期，则公司管理者应该更加重视投资风险的控制；如果公司股东继续出资比较困难,则公司应该适当重视财务困境成本,降低公司出现财务困境的概率;如果经济形势良好,股东的资本比较充足,那么公司就可以将更多精力用于增加公司利润。

二、与实际经营结果的比较分析

本节第一部分权重的分析表明,价值增值的理想值为226.38亿元,投资风险目标的理想值为0,而财务困境成本的理想值为9.37亿元。根据本章第三节中模型求解阐述的利用理想点求解多目标的方法,各个目标的权重设为理想值的倒数,所以这里需要对投资风险的理想值做简单调整。因为产险公司不可能控制自身的经营风险为0,所以,此处我们选择表5.5中模型二中的投资风险值为理想值,即4.82亿元。

模型中采用的参数基本上都来自于中国平安财产保险股份有限公司2009年年初的经营数据,而2009年该产险公司的实际资产配置和增资额度是可以得到的,所以下面对采用理想点法求解多目标规划模型的计算结果与产险公司的实际经营情况作对比分析。根据2010年《平安年报》上的数据作简单调整,中国平安财产保险股份有限公司在2009年投资于无风险资产、债券和股票的比例分别是:28.7%、59.2%、12.1%,2009年年初没有增资,年末时增资约20亿元。根据理想点法,多目标规划模型中的多目标转化为最小化各目标与理想点之差的加权平方和。表5.6是多目标规划模型的求解结果与实际经营结果的比较。

表5.6　　　　　多目标模型与实际经营结果的比较

名称	银行存款占比(%)	债券占比(%)	股票占比(%)	增资额(亿元)	损失缺口(亿元)	总目标(亿元)
多目标模型	0.4	0.6	0	52.51	0	74.75
年初经营策略	0.287	0.592	0.121	0	46.63	95.57
年中经营策略	0.287	0.592	0.121	20.00	26.61	109.21

根据理想点法,产险公司的最优投资比例分别为:40%、60%和0,最优增资额度为52.51亿元。在多目标规划模型下的损失缺口为0,理想

点法下的总目标值①为74.75亿元。而产险公司在年初时没有增资，此时，公司可能的损失缺口达到46.63亿元，总目标值为95.57亿元，最终结果劣于多目标规划模型。产险公司增资之后，假定投资比例没有发生变化，此时的损失缺口降低为26.61亿元，总目标为109.21亿元，这一结果也比多目标规划模型差。

事实上，上述结论并不能从根本上断定多目标规划的求解结果一定优于产险公司的实际经营情况。因为理想点的设定对最终结果存在显著的影响，而以上得到理想点是通过模型得到的，它并不一定是产险公司的渴望达到的预期目标。例如，从理论上讲，投资风险的最优值为0，但是这一理论最优值并不是公司的经营目标。高收益伴随着高风险，产险公司为获得较高的投资收益，必然会接受一定程度内的风险。所以，投资风险的理想值应该是产险公司可接受的投资风险水平。本部分设定的多目标规划模型中设定的理想投资风险额较低，所以导致最优的股票投资占比为0。第三部分将通过模型求解验证产险公司的预期目标，即理想值对多目标规划最终决策结果的影响。

三、理想点分析

在多目标规划模型中，无论是直接采用理想点方法对模型求解，还是通过理想点将次要目标转化为约束条件，如将投资风险最小化目标转变为投资风险不得高于某一可接受值，理想点的选择对模型的最优解都产生直接的影响。为了认识到这种影响，以下将通过计算多目标规划模型来量化因理想点不同而造成的决策差异性。

为了研究的方便，我们分别选择5个价值增值、投资风险和财务困境目标理想点，并将它们排列组合，最终得到125个最优决策集。图5.2至图5.5直观地展示了不同理想值对最优决策的影响。基于图像的清晰性和可辨别性，这四个图均显示了三个平面，对应不同的财务困境成本理想值。其中x轴是价值增值理想值，y轴是投资风险理想值，z轴分别对应增资额和资产配置策略。

---

① 该值越小越好，因为是整体衡量的与理想点之间的偏差。

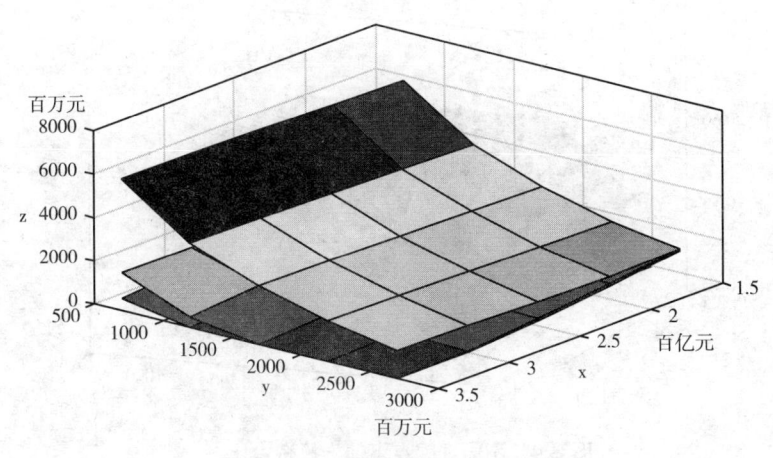

图 5.2　不同理想点下的增资额

注：图中自下而上的三个图分别对应财务困境成本理想值 2 亿元、6 亿元、10 亿元。

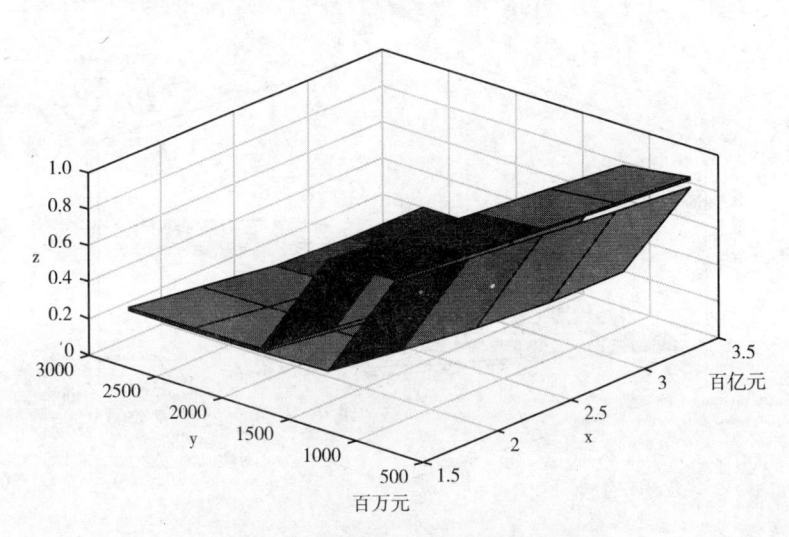

图 5.3　不同理想点下无风险资产占比

注：图中自下而上的三个图分别对应财务困境成本理想值 2 亿元、6 亿元、10 亿元。当财务困境成本是 2 亿元和 6 亿元时，资产配置策略基本相同，所以图 5.3 中看起来只有两个图。

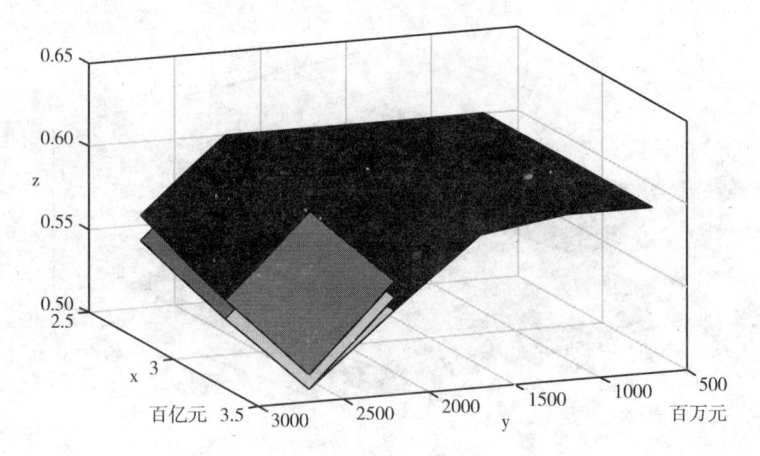

图 5.4 不同理想点下债券投资占比

注：图中自上而下的三个图分别对应财务困境成本理想值 2 亿元、6 亿元、10 亿元。

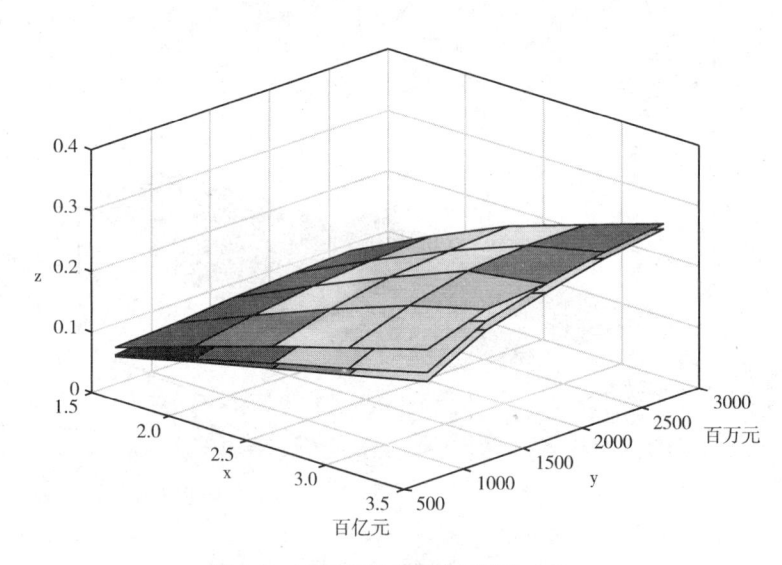

图 5.5 不同理想点下股票投资占比

注：图中自下而上的三个图分别对应财务困境成本理想值 2 亿元、6 亿元、10 亿元。

观察以上各图发现，随着价值增值理想值的增加，公司的最优增资额度降低，无风险资产占比降低，股票与基金资产投资增加；随着投资风险的增加，增资额度降低，无风险资产占比降低，而风险资产占比增加；随着财务困境成本理想值的增加，公司的最优增资额度提高，无风险资产占比降低而风险资产占比增加。可见，理想值的大小对于决策至关重要。产险公司在采用多目标规划模型进行经营管理时，必须慎重合理地选择。

综上所述，产险公司要实现未来的快速健康发展，采用多目标模型进行决策是非常必要的。多目标决策能够同时实现多个目标，解决不同目标之间冲突的特性，还能充分改善管理决策的有效性，防止公司追求单一目标导致的发展困境，有利于产险公司兼顾各方的利益，实现可持续发展。在实践中，产险公司可以结合自身当前经营的特点，根据上述模型实现不同的发展目标；同时也可以在实现最优目标的前提下，从最优解集合中选择不同的资本管理和资产配置方案进行灵活经营，以应对宏观和微观经济环境变化对公司造成的不利冲击。

虽然多目标规划模型具有诸多优点，但是其求解过程却是复杂的，这种复杂性可能在于解析解或者数值解的计算过程，但更重要的是求解过程中的参数设置、目标权重或者优先顺序、理想值等，因为它们设置的合理性直接关系到最终的决策结果。如果设置不当，很可能弄巧成拙，有悖于采用多目标规划方法的初始目的。

事实上，多目标模型可以应用于产险公司的各个经营环节中，不但公司的整体决策是一个多目标选择的过程，对于单个部门而言，也存在多个更加细化的管理目标。例如，产品销售部不但需要实现保费的增长目标，占领一定市场份额，还应减少销售成本，提高销售人员素质，平衡不同保险产品之间的权重关系等。将多目标规划运用于产险公司经营管理的各个方面，协调整个公司以及不同部门的发展目标，实现公司的最优化经营，这将是未来研究的一个重要方向。

第五节 本章小结

随着产险业的高速发展和新的风险的不断涌现，产险公司面临前所未有的发展压力。它们既不能一味地追求收益而忽视风险，也不能过于关注风险而减少公司价值，产险公司的经营需要兼顾各方的利益。也就是说，产险公司在经营管理过程中需要实现多个目标，这些目标之间可能是一致或者互补的，但多数情况下是相互冲突的，产险公司必须根据经营现状，协调不同目标之间的关系，做出最有利的管理决策。

资本是产险公司的生命线，资本是否充足直接决定产险公司业务的发展规模和经营的稳定性，也标志着了产险公司的偿付能力。但是由于我国产险业一直以来保持较快的业务发展，许多产险公司都不得不多次增资以满足业务拓展和监管要求，所以资本管理对于产险公司的长期发展意义重大。同时，投资业务和承保业务是产险业发展的两大支柱。随着产险业务内部竞争的加剧和保险行业金融地位的提升，投资业务的重要性日渐凸显，如何改善产险公司的投资策略逐渐成为其得以持续健康发展的关键。

针对产险业资本管理和资金运用现状，本章建立了兼顾公司价值、投资风险、未来财务困境和承保风险的多目标模型，通过 Copula 函数生成不同险种的随机损失，结合产险公司的实际经营数据，分别分析了不同权重、理想值或者预期目标对多目标模型最优决策的影响。同时，将多目标规划模型的结果与产险公司的实际经营情况作了比较分析。研究发现，基于多目标模型的资本管理和资产配置策略能够实现公司的多个目标，有效地改善了公司的经营管理现状，可以帮助经营者从整体上提高管理能力。

第六章

多目标多阶段下的产险公司最优资本规模研究

产险公司的经营是一个动态过程，资本和业务规模都处于不断变化之中，所以资本必然也需要适时调整。因此，本章以最优资本规模为研究对象，首先构建了多目标单阶段的资本规模模型，然后将其推广至多阶段，并对模型中的重要参数作了比较静态分析。

第一节 引 言

产险公司是以负债为基础经营的金融机构，由于风险的客观存在，产险公司必须持有适当的资本。在我国潜在保险市场的诱惑下，产险公司纷纷增加业务规模，扩张分支机构，这使得增资成为一种必然选择。但是因为资本市场的不完备性和资本的稀缺性，当产险公司濒临偿付能力不足或因业务发展而需要资本时，公司往往不能立即增资或者注资成本过大，而如果不能及时注资，监管部门将对其实施一系列处罚。正如 Froot 等（1993）所指出的，如果公司内部资本过少，它将不得不在减少高投资报酬和承担高融资成本之间作出选择。因此，如果能够确定未来一段时间内产险公司可能面临的资本压力，使其提前融资，不仅能够减少融资成本，而且可以有效防止产险公司出现破产危机，这对于公司未来发展具有重要的意义。

资本管理是一项复杂的系统工程，需要全方位、多角度分析公司所面临的经营目标和约束条件。对于产险公司而言，一方面，资本的首要任务是应对非预期损失，防止破产危机；另一方面，任何以价值最大化为目标的企业都会尽量减少资本持有额。仅靠单一发展目标得到的资本额是有失偏颇的，资本的互斥性特征使得管理者不得不在各个目标之间权衡取舍。因此，我们有必要将运筹学中的多目标规划方法引入产险公司的管理决策中。多目标规划作为一种数学优化方法，它能够实现多个相互补充、相对独立甚至相互冲突的目标，解决产险公司资本管理中的矛盾问题，兼顾多方利益并使之趋于均衡。

资本管理是偿付能力监管的重要组成部分。现阶段，国内外关于产险公司资本管理的研究主要集中于两个领域：经济资本和最优资本。经济资本（Djehiche 和 Hörflet，2004；Dhaene 等，2006；Bisignani 等，2007）强调资本与风险管理以及投资决策之间的关系，主要分析风险指标的选择和衡量、风险的整合以及资本的分配问题。经济资本管理方法从防范风险的角度着手，进而满足监管机构的安全性要求，是重要的风险管理工具。

对于最优资本的探讨，Merton（1993）、Myers 和 Read（2001）首先阐明了其研究的必要性。他们认为，资本太高或者太低都会导致经营的无效率，产险公司必须持有适当的资本。相关研究多数从产险公司的整体利益出发，以公司价值最大化为目标（Zanjani，2002；Froot，2007；Mankaï 和 Bruneau，2009）。虽然 Modigliani 和 Miller（1958）在此目标下得到资本量不影响公司价值的结论，但他们是以完备市场为假设前提。Froot 和 Stein（1998）指出，由于外部资本成本较高，金融机构愿意持有较多的自有资本，这样可以承担更多业务以获取更多利润；但是持有资本会产生成本，因此金融机构需要确定最优资本。Zanjani（2002）在消费者关注产险公司偿付能力的假设下，以价值最大化为目标研究了保险产品定价和边际资本需求问题。分析发现，偿付能力越强，保单的需求量越大，产险公司需要持有越多的资本，但是摩擦成本、税收成本的存在又要求产险公司尽可能少地持有资本。Froot（2007）以价值最大化为目标，在不完全的资本市场和保险市场以及理性的保单持有者假设下，研究了最优资本结构。结果显示，产品市场的存在增加了资本市场的扭曲，产险公司偏向于风险规避，并将持有更多资本。以上关于价值最大化目标的研究，都是基于单目标模型，而且对资本成本的考虑非常笼统且仅限于简单的比例关系。不同于上述研究，Zhang（2006）、Chandra 和 Sherris（2007）以资本成本最小化为目标得到了产险公司的最优资本。他们认为，资本的存在主要产生三种成本：摩擦成本、财务困境成本和融资压力成本。资本越多，摩擦成本和融资成本越大，财务困境成本越小。由于产险公司的最终经营目标是实现公司价值最大化，因此仅最小化资本成本来确定最优资本是欠妥的。

国内对产险公司资本的研究主要局限于经济资本（卓志、刘芳，2004；田玲、张岳，2010）。高志强、张梦琳（2009）虽然在价值最大化目标下研究了最优资本，但是他们没有考虑监管和破产约束，与产险公司的实际经营存在一定差距。本书在已有研究基础上,同时考虑价值目标和资本成本目标,在监管约束和破产约束下得到产险公司的最优资本持有额,并针对多目标规划模型作数据模拟和静态分析,试图缓解产险公司未来可能存在的融资压力,为产险公司的融资决策提供参考。

第二节 多目标单阶段资本管理模型构建与求解

假定产险公司期初净资产为 A,保费收入为 P,由于业务的快速发展,产险公司需要增加资本以满足自身发展需要和偿付能力充足率标准。设产险公司需要增加的资本为 ΔC。期初增资后,产险公司将 $(P + A + \Delta C)$ 进行投资,假定收益率为 r。前已述及,产险公司在经营管理中会产生一系列成本,包括融资成本、代理成本、税收成本、财务困境成本等,这些成本的存在会影响公司价值增值。根据 Perold(2005)、Chandra 和 Sherris(2007),设摩擦成本为:$C_c = \text{Max}\{c_c \cdot A^+, 0\}$,$c_c$ 是摩擦成本率;融资困境成本为 $C_f = \text{Max}\{-c_f A^+, 0\}$,$c_f$ 是融资困境成本率;τ 为税收成本率。其中 A^+ 为期末净资产,即 $A^+ = (P + A + \Delta C)(1 + r) - \tilde{L}$,$\tilde{L}$ 为期末赔付。

产险公司经营的首要目标是提升公司价值,因此其所有行为都应该以能够增加公司价值为主要目的(Hancock 等,2001)。然而现实市场的不完备性使得资本结构对公司价值产生重要影响。资本的选择首先需要满足公司的价值目标,过多或过少的资本都会减少公司价值,危及公司的长期发展。目前主要用 RAROC 和 EVA 来衡量公司价值,前者是相对价值增值,属于比例指标;后者是绝对增值,属于总量指标,二者在逻辑上是一致的。借鉴 Perold(2005)、Mankaï 和 Bruneau(2009)的研究,本书采用 RAROC 来衡量公司价值。

RAROC 方法最早由美国信孚银行启用,它是一种通过风险来评估资本收益的机制。其核心是根据公司所承担的风险衡量收益,得到的是风险因素扣除后的实际回报水平。该方法既可以作为员工的业绩考核指标,也可以衡量部门的经营状况,还能够从整体上对公司的风险进行控制,平衡收益与风险的关系,从而提升公司价值,并促进资本实现有效配置。RAROC 方法最大的优点是不但能够反映公司的盈利能力,而且可以测度公司的经营风险,因而它是一种重要的整体风险和业绩评估指标,也是一种实用的资本预算工具。根据 Matten(2000)的定义,它是期望净利润与风险资本的比值,而风险资本是产险公司可接受的风险对应的资本水平,本书假定

风险资本为 $A+\Delta C$，所以有：

$$RAROC = \frac{((P(1+r) - \tilde{L}) + ((A+\Delta C)r))(1-\tau)}{A+\Delta C}$$

控制资本成本也是产险公司管理的重要目标之一。由于经营的无效性或者市场摩擦的存在，导致公司产生了高于基本资本成本（即股东的要求回报）的其他成本，这些成本的存在对公司的发展造成诸多负面影响（Hancock 等，2001）。Andrade 和 Kaplan（1998）、Senbet 和 Seward（1995）均指出，财务困境成本是指产险公司陷入困境时，会失去一些无形的价值创造机会，包括引进新的、有利可图的业务，增加或者留住有才能的员工等。此外，还会增加一些直接成本，例如额外的监管审查成本和重新注资的成本。所以产险公司需要尽可能多地持有资本以防止出现财务困境。代理成本等摩擦成本则主要是管理者和股东利益不一致导致的成本（Jensen，1986）。为了使管理者能够最大程度地代表股东利益，产险公司需要减少资本持有以降低摩擦成本。可见，财务困境成本和摩擦成本对资本的要求存在冲突，产险公司必须最小化整体成本：$C_c + C_f$。

产险公司是以风险为经营对象的金融机构，随着经济全球化和金融一体化趋势的发展，产险公司面临的风险越来越大，涉及的范围也越来越广。所以产险公司必须时刻防范公司经营的各种风险，加强风险管理，并且防止破产危机。金融机构广泛采用的 VaR 模型来测度风险，但是 VaR 隐含着线性特性和正态性等联合假设，对于尾部损失的分布考虑欠佳（Artzner 等，1999）。CVaR 是对于 VaR 方法的一种改进，刘俊山（2007）将 CVaR 与 VaR 进行了比较分析，指出 CVaR 方法属于二阶随机占优一致性风险测度法，在性质上优于 VaR 方法。Embrechts 等（1997）探讨了 CVaR 在金融产险业中的应用。基于 CVaR 性质上的优势和在金融行业的广泛应用，因此本书采用 CVaR 约束公司的经营风险。对于给定的置信度 $\beta \in (0,1)$ 和可接受的最大损失水平（Risk Exposure Level）A^*，其中 $VaR_\beta = \inf\{a \in \mathbb{R} \mid Pr(A^+ > a) < \beta\}$。

吕长江等（2006）以及周晶晗、赵桂芹（2007）指出，产险公司的资本结构、资产管理能力等财务状况是决定偿付能力的根本要素。因此，资本结构必须满足偿付能力监管的标准。2008年颁布的《产险公司偿付能力管理规定》规定，产险公司应当具有与其风险和业务规模相适应的资本，确保偿付能力充足率不低于100%。根据最低资本的计算原则，这里假定增资后产险公司的资本总额必须大于当年保费的17%，同时也大于前一年损失的 24.5%。

综上所述，建立多目标资本管理模型如下：

$$\text{MaxE}(\text{RAROC}_t)$$
$$\text{MinE}(C_{c,t} + C_{f,t})$$
$$s.t. \begin{cases} A_t + \Delta C_t \geq \text{Max}\{0.17P_t, 0.245E(L_t)\} \\ \text{CVaR}_\beta(A_t^+) \geq A^* \\ \Delta C_t \geq 0 \end{cases} \quad (6.1)$$

为了求解多目标模型，下面分别对成本最小化目标和 CVaR 约束下的价值增值目标进行求解，得到单目标下的最优决策。利用多目标规划理论中常用的评价函数——理想点法，寻找以评价函数衡量的、距离各单目标最优值"最近"的资本额。

一、成本最小化目标

对于成本最小化目标：

$$E(C_{c,t} + C_{f,t})$$
$$= c_c \left\{ \int_0^{(P_t+A_t+\Delta C_t)(1+r_{t,t+1})} ((P_t + A_t + \Delta C_t)(1+r_{t,t+1}) - \tilde{L}_t)f(\tilde{L}_t)d\tilde{L}_t \right\}$$
$$- c_f \left\{ \int_{(P_t+A_t+\Delta C_t)(1+r_{t,t+1})}^{\infty} ((P_t + A_t + \Delta C_t)(1+r_{t,t+1}) - \tilde{L}_t)f(\tilde{L}_t)d\tilde{L}_t \right\}$$
$$= c_c \left\{ \int_0^{(P_t+A_t+\Delta C_t)(1+r_{t,t+1})} ((P_t + A_t + \Delta C_t)(1+r_{t,t+1}) - \tilde{L}_t)f(\tilde{L}_t)d\tilde{L}_t \right\}$$
$$- c_f \left\{ \int_0^{\infty} ((P_t + A_t + \Delta C_t)(1+r_{t,t+1}) - \tilde{L}_t)f(\tilde{L}_t)d\tilde{L}_t \right.$$
$$\left. - \int_0^{(P_t+A_t+\Delta C_t)(1+r_{t,t+1})} ((P_t + A_t + \Delta C_t)(1+r_{t,t+1}) - \tilde{L}_t)f(\tilde{L}_t)d\tilde{L}_t \right\}$$

$$(6.2)$$

利用莱布尼茨公式关于 ΔC 求导，并依据最小化条件，得到：

$$\frac{\partial E(C_{c,t} + C_{f,t})}{\partial \Delta C_t} = c_c \left\{ \int_0^{(P_t+A_t+\Delta C_t)(1+r_{t,t+1})} f(\tilde{L}_t)d\tilde{L}_t \right\}$$
$$- c_f \left\{ \int_0^{\infty} f(\tilde{L}_t)d\tilde{L}_t - \int_0^{(P_t+A_t+\Delta C_t)(1+r_{t,t+1})} f(\tilde{L}_t)d\tilde{L}_t \right\} = 0$$

于是有：

$$c_c\{1 - \Pr(\tilde{L}_t > (P_t + A_t + \Delta C_t)(1 + r_{t,t+1}))\}$$
$$= c_f\{\Pr(\tilde{L}_t > (P_t + A_t + \Delta C_t)(1 + r_{t,t+1}))\}$$

这等价于：

$$\Pr(\tilde{L}_t \leq (P_t + A_t + \Delta C_t)(1 + r_{t,t+1})) = 1 - \frac{c_c}{c_c + c_f} \tag{6.3}$$

进一步验证成本目标的二阶条件：

$$\frac{\partial^2 E(C_{c,t} + C_{f,t})}{\partial \Delta C_t^2} = (c_c + c_f)f((P_t + A_t + \Delta C_t)(1 + r_{t,t+1})) \geq 0$$

这与成本最小化的目标是一致的。于是成本最小化时，期初需要增加的最优资本为：

$$\Delta C_t^0 = \frac{1}{1 + r_{t,t+1}} F_{\tilde{L}_t}^{-1}\left(1 - \frac{c_c}{c_c + c_f}\right) - A_t - P_t \tag{6.4}$$

事实上，根据财务困境成本和摩擦成本的形式，也很容易判断出存在最优资本满足总成本的最小化。因为随着资本的增加，摩擦成本逐渐增加，而财务困境成本则不断减小。根据式（6.4）得到的总成本的结果，可以近似画出增资额度与成本之间的变化关系，如图6.1所示。

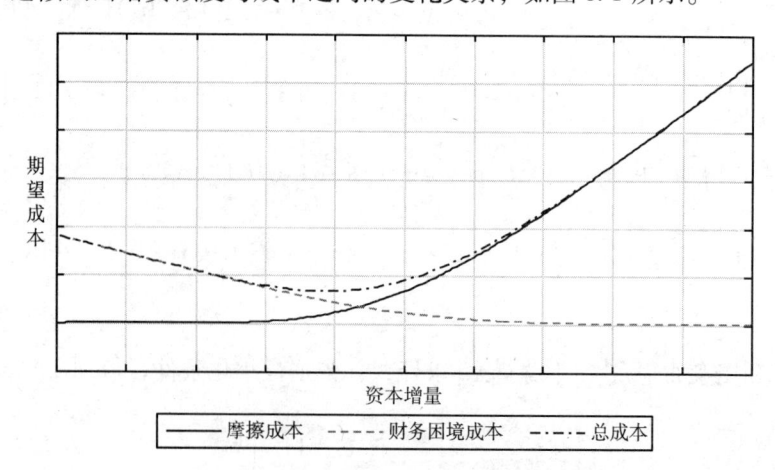

图6.1 资本成本与资本增量的变化关系

二、RAROC - CVaR 有效组合前沿

对 RAROC 进行变换得到：

$$RAROC_t = r(1-\tau) + \frac{P_t(1+r_{t,t+1}) - \tilde{L}_t}{A_t + \Delta C_t}(1-\tau) \quad (6.5)$$

可知，它是关于 ΔC_t 的减函数。因此，对于 RAROC-CVaR 有效组合问题，若最优解是 ΔC_t^*，必定有：

$$CVaR_\beta(-((P+A+\Delta C^*)(1+r) - \tilde{L})) = A^* \quad (6.6)$$

式（6.6）成立。因为若：

$$CVaR_\beta(-((P+A+\Delta C^*)(1+r) - \tilde{L})) < A^*$$

根据 CVaR 的平移不变性，有：

$$CVaR_\beta(-((P+A)(1+r) - \tilde{L})) < A^* + \Delta C^*(1+r)$$

存在 $\Delta \hat{C}_t$ 满足 $-A_t \leq \Delta \hat{C}_t < \Delta C_t^*$ 和 $CVaR_\beta(-((P+A)(1+r) - \tilde{L})) = A^* + \Delta \hat{C}(1+r)$，而 RAROC 是 ΔC_t 的减函数，所以有：$RAROC(\Delta \hat{C}_t) > RAROC(\Delta C_t^*)$，这与最优解是 ΔC_t^* 矛盾，所以式（6.6）成立。

对 CVaR 离散化，假定生成 K 个随机损失，则有：

$$\Delta C^1 = \frac{1}{1+r_{t,t+1}}\left(A^* + \frac{1}{H}\sum_{j=1}^{K}(L_t^j \cdot I(L_t^j \geq VaR_\beta(\tilde{L}_t)))\right) - (P_t + A_t)$$
(6.7)

其中 $H = \sum_{j=1}^{K} I(L_t^j \geq VaR_\beta(\tilde{L}_t))$，$I(\cdot)$ 是指示函数，条件成立时为 1，否则为 0。

为了更加直观，我们做出 RAROC 和 CVaR 关于增资额度的近似变化图。如图 6.2 所示：随着资本增量的增加，产险公司的资本收益率减少，同时，公司面临的尾部期望损失风险也降低。如果仅考虑 RAROC，产险公司的增资额越少越好，但是对应的尾部损失风险会很大；如果仅考虑控制公司的风险，则资本越多越好，但是对应的风险调整后的资本收益率会

很低。所以当确定产险公司的尾部损失期望值不得高于某一临界值,并且最大化 RAROC 目标时,产险公司的最优增资额必然是尾部期望损失恰好为这一临界值时对应的增资额度。图 6.2 中的箭头表示:随着资本增量的增加,CVaR 逐渐降低;随着资本增量的减少,RAROC 目标逐渐提高。

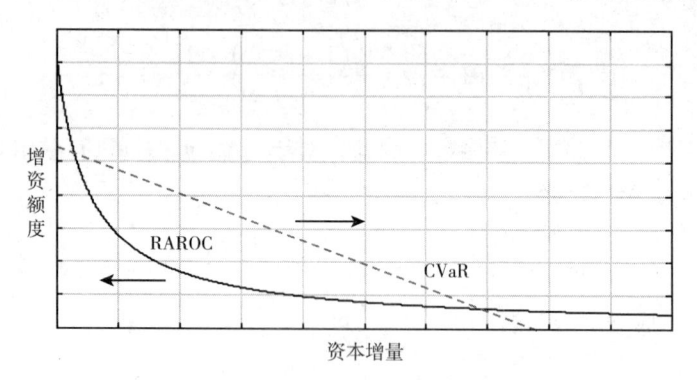

图 6.2 RAROC 和 CVaR 与资本增量的关系

三、多目标规划模型的最优解集

将式(6.4)和式(6.7)代入式(6.1)中,采用平方模—理想点法得到单目标模型(6.8):

$$\text{Min}\{(E(RAROC(\Delta C_t)) - E(RAROC(\Delta C_t^1)))^2 \\ + (E(C_{c,t}(\Delta C_t) + C_{f,t}(\Delta C_t)) - E(C_{c,t}(\Delta C_t^0) + C_{f,t}(\Delta C_t^0)))^2\}^{1/2}$$
$$\text{s.t.} \quad A_t + \Delta C_t \geq \text{Max}\{0.17P_t, 0.245E(L_t)\} \tag{6.8}$$

注意,单目标最优解式(6.4)和式(6.7)的结构非常类似,唯一不同之处是关于损失的临界值。前者是由资本成本率决定的,后者则由公司可承受的最低净资产和破产概率决定。因此,多目标模型的最优资本必定具有类似的形式,相应的临界损失应该是二者"妥协"的结果。因此,假定 $\lambda \in [0,1]$ 表示权重,则最优资本为如下形式:

$$\Delta C^* = \text{Max}\{\lambda \Delta C^0 + (1-\lambda)\Delta C^1, 0.17P_t - C_t, 0.245E(L_t) - C_t, 0\} \tag{6.9}$$

权重法只是多目标规划的求解方法之一。事实上,产险公司可以在自身发展允许的范围内,包括资本成本的最大可接受值、资本回报率的最低可接受值、净损失的尾部期望最大可接受值以及监管约束的可承受值等，得到增资额度的最优解集。只要增资额度属于这一解集，那么都能够满足公司发展的要求。为了形象地描述这一思想，图6.3中刻画了在既定约束下，产险公司的最优增资区间。假定公司可接受的最大资本成本为（1）处的纵坐标值，可容忍的CVaR最大值为（2）处的纵坐标值，可承受的RAROC最小值为（3）处的纵坐标值，监管约束下需要的资本见箭头（4）处。所以按照资本成本的约束，公司的最优增资额为（1）处两个箭头所指示的范围内；按照CVaR临界值，增资额必须大于（2）处的资本；按照RAROC临界值，增资额必须小于（3）处对应的资本；而按照监管约束，增资额必须大于（4）处对应的资本。因此，关于这些约束范围取交集，得到最优的增资区间如阴影部分所示。当然，图中各约束的位置并不是绝对的，图6.3只是列举了可能的一种。

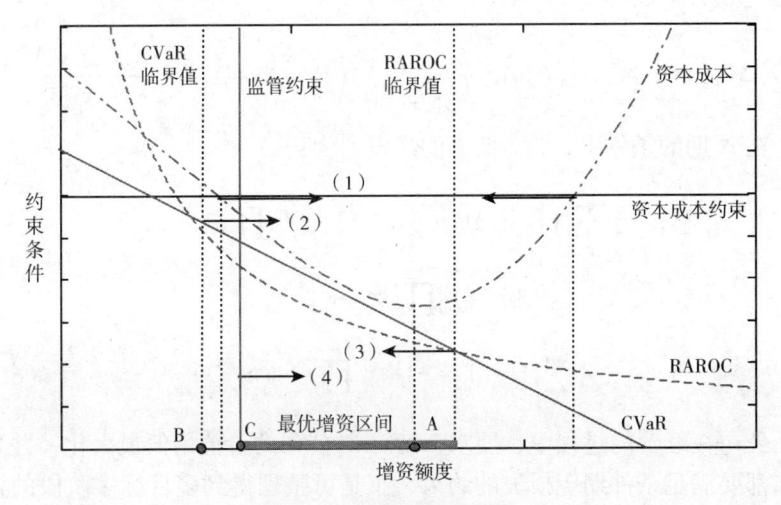

图6.3 最优增资额区间

以上讨论是将多目标规划模型的目标转化为约束后的"放松"分析。而按照本章的多目标规划模型，资本成本最小化时对应的最优增资额在A点处，而RAROC和CVaR结合后得到的最优增资额在B点处，监管约束下的增资额为C点处的值。根据权重法得到的最优增资额是A点值和B点值的某一线性组合，并且大于C点值。

第三节 多目标多阶段资本管理模型构建与求解

单期资本调整模型不能对产险公司未来的资本压力产生长期的预警作用,下面我们将多目标单期模型拓展至多期。不同于单期的情形,多期模型中必须考虑融资成本,假定成本率为 c_α。由于成本函数是间断的,所以仍需先对其处理,记 $G = E(C_c + C_f)$。注意到式 (6.2) 和式 (6.3),在最优调整资本 ΔC_t^* 处对 $G(\Delta C_t)$ 泰勒展开,假定 t 期初的净资产为 A_t,于是得到:

$$G(\Delta C_t) \approx \frac{1}{2}(c_c + c_f)f((P_t + A_t + \Delta C_t)(1 + r_{t,t+1}))(\Delta C_t - \Delta C_t^*)^2$$

记 A_t^* 是 t 期末产险公司期望的最优净资产,则上式变为:

$$G(\Delta C_t) \approx \frac{1}{2}(c_c + c_f)f(A_t^* + E_t(\tilde{L}_t))\left(P_t + A_t + \Delta C_t - \frac{E(\tilde{L}_t) + A_t^*}{1 + r_{t,t+1}}\right)^2$$

在 N 期的条件下,第 t 期末的净资产为:

$$\begin{aligned}A_t^+ =& \sum_{j=1}^{t}(P_j + \Delta C_j)(1-\tau)^{(t-j+1)}\prod_{i=j}^{t}(1 + r_{i,i+1}) \\&+ C_0(1-\tau)^t \prod_{i=1}^{t}(1 + r_{i,i+1}) \\&- \sum_{j=1}^{t}\tilde{L}_j(1-\tau)^{t-j+1}\prod_{i=j+1}^{t}(1 + r_{i,i+1}) \quad (6.10)\end{aligned}$$

公司在经营的过程中,要求 N 期末时公司的价值增值最大化,并且每期末都要满足条件期望损失的约束,于是可整理得到多目标多阶段的资本管理模型:

$$\text{Max}E(\text{RAROC}_N) = \frac{A_N}{C_0 + \sum_{t=1}^{N}\Delta C_t}$$

$$\text{Min}E\left(\sum_{t=1}^{N}(1+r_f)^{N-t}\left(\left(\frac{1}{2}(c_c + c_f)f(A_t^* + E_t(\tilde{L}_t))\cdot\right.\right.\right.$$
$$\left.\left.\left.\left(P_t + A_t + \Delta C_t - \frac{\tilde{L}_t + \tilde{A}_t}{1+r}\right)^2 + \frac{1}{2}c_\alpha\Delta C_t^2\right)\right)$$

第六章 多目标多阶段下的产险公司最优资本规模研究

$$\text{s.t.} \begin{cases} \Delta C_t \geq \text{Max}\{0.17P_t, 0.245E(L_t)\} - A_t \\ \text{CVaR}_\beta(A_t^+) \geq A^*, t=1,2,\cdots,N \end{cases} \quad (6.11)$$

其中，r_f 是无风险利率，C_0 是初始时刻的资本。

类似于单阶段模型的处理，对 RAROC-CVaR 有效组合前沿的分析仍然有：

$$\text{CVaR}_\beta(A_t^+) = A^*, t=1,2,\cdots,N \quad (6.12)$$

成本最小化目标的处理相对复杂。首先利用期末净资产 A_t^+ 与期初净资产 A_t 的关系：

$$A_t^+ = (A_t + P_t + \Delta C_t)(1+r_t) - \tilde{L}_t \quad (6.13)$$

对目标资本进行变量代换，得到：

$$\begin{aligned}
&\underset{\{A_t^+\}}{\text{Min}} E\Big(\sum_{t=1}^{N}(1+r_f)^{N-1}\Big(\Big(\frac{c_c+c_f}{2}f(A_t^*+E_t(\tilde{L}_t))\Big)\Big(\frac{A_t^+-A_t^*}{1+r_t}\Big)^2 \\
&\quad + \frac{c_\alpha}{2}\Big(\frac{A_t^++\tilde{L}_t}{1+r_t}-A_t-P_t\Big)^2\Big)\Big) \\
&= \underset{\{A_t^+\}}{\text{Min}}\Big(E\Big((1+r_f)^{N-1}\Big(\Big(\frac{c_c+c_f}{2}f(A_1^*+E(\tilde{L}_1))\Big)\Big(\frac{A_1^+-A_1^*}{1+r_1}\Big)^2 \\
&\quad + \frac{c_\alpha}{2}\Big(\frac{A_1^++\tilde{L}_1}{1+r_1}-A_1-P_1\Big)^2\Big)\Big) \\
&\quad + E\Big((1+r_f)^{N-2}\Big(\Big(\frac{c_c+c_f}{2}f(A_2^*+E(\tilde{L}_2))\Big)\Big(\frac{A_2^+-A_2^*}{1+r_2}\Big)^2 \\
&\quad + \frac{c_\alpha}{2}\Big(\frac{A_2^++\tilde{L}_2}{1+r_2}-A_2-P_2\Big)^2\Big)\Big) + \cdots \\
&\quad + E\Big(\Big(\Big(\frac{c_c+c_f}{2}f(A_N^*+E(\tilde{L}_N))\Big)\Big(\frac{A_N^+-A_N^*}{1+r_N}\Big)^2 + \frac{c_\alpha}{2}\Big(\frac{A_N^++\tilde{L}_N}{1+r_N}-A_N-P_N\Big)^2\Big)\Big)\Big)
\end{aligned}$$

关于 A_t^+ 求一阶导数可得递推关系式（6.14）：

$$\begin{aligned}
&E\Big(\frac{c_\alpha}{1+r_{t+1}}A_{t+1}^+ + \frac{1+r_f}{1+r_t}\Big(\frac{c_c+c_f}{2}f(A_t^*+E(\tilde{L}_t)) + \frac{c_\alpha}{1+r_t}+c_\alpha\Big)A_t^+ - \frac{1+r_f}{1+r_{t-1}}c_\alpha A_{t-1}^+\Big) \\
&= E\Big(\frac{1+r_f}{1+r_t}\Big(c_\alpha P_t + \frac{c_c+c_f}{2}f(A_t^*+E(\tilde{L}_t))A_t^*\Big) + \frac{c_\alpha}{1+r_{t+1}}\tilde{L}_{t+1} - \frac{c_\alpha}{(1+r_t)^2}\tilde{L}_t - c_\alpha P_{t+1}\Big)
\end{aligned}$$

$$(6.14)$$

对式（6.14）继续关于 A_t^+ 求导，易知二阶导数非负，因此存在最优解。初始净资产是已知的，因此利用式（6.14）依次递推可得各期末的净资产，然后采用式（6.13）和 $A_{t+1}=A_t^+$，$t=1,2,\cdots,N$[①] 得到每期需要增加的资本。最后，将式（6.12）、式（6.13）、式（6.14）以及式（6.11）中的约束条件联立，类似于式（6.7），采用评价函数—理想点法将多目标转化为单目标模型求解。由于多期模型与单期模型原理一致，因此下面仅就单期模型作出数据模拟和静态分析。

第四节 比较静态分析

本部分研究模型的数值分析结果，并作比较静态分析，重点讨论保费、投资收益率以及各种资本成本率对增资压力的影响。

一、参数设定

假定研究期间宏观经济环境稳定，产险公司的投资收益率选取为2009年的行业收益率6.4%，无风险利率为2009年一年期存款利率2.25%。根据2008年修订通过的《中华人民共和国营业税暂行条例》，金融产险业的营业税税率为5%。资本成本率主要参考 Chandra 和 Sherris（2007）以及 Mankaï 和 Bruneau（2009），财务困境成本率为10%，机会成本率为1%，融资成本率为5%。初始保费和资本是在某产险公司的经营数据的基础稍作调整，其中初始保费为180亿元，初始资本为45亿元。假定产险公司可接受的破产概率为1%，可承受的最低期末净资产为0。

为了模拟损失，本书首先以2005~2009年所有财产险公司为研究对象，将主要险种分为五类来分析不同险种的损失率。由于各险种之间并不独立，必须考虑它们的相关性，因此有必要引入 Copula 函数。

在 Copula 理论中，Elliptical Copula 函数类下的 t-Copula 常被用于研究各险种业务之间的关系。Demarta 和 McNeil（2005）指出 t-Copula 能够捕捉风险的极端尾部相依结构，可以灵活地模拟和校准风险。Shim 等（2010）利用它研究了美国产险业务的承保风险；占梦雅、武述金（2010）通过分析

---

① 上期末的净资产等于下一期期初净资产。

我国产险公司的业务，发现 t-Copula 函数能较好地拟合承保业务风险的尾部相依性。因此，本书通过 Matlab 程序得到各险种损失率的 t-Copula 函数相关系数和自由度，如表 6.1 所示。利用 t-Copula 函数 ϕ 生成险种 i 的损失率随机数 $\tilde{r}_i^L$，若险种 i 的保费是 P_i，则损失 $\tilde{L}_i = \tilde{r}_i^L P_i$。

表 6.1　　　各险种损失率的 t-Copula 函数相关系数和自由度

相关系数	企业财产保险	机动车辆保险	责任与信用保证保险	货物运输保险	其他保险
企业财产保险	1	0.5741	0.5315	0.4406	0.3865
机动车辆保险	0.5741	1	0.6308	0.4004	0.3713
责任与信用保证保险	0.5315	0.6308	1	0.3822	0.4477
货物运输保险	0.4406	0.4004	0.3822	1	0.2647
其他保险	0.3865	0.3713	0.4477	0.2647	1
自由度	4.4764				

二、模拟分析

基于以上假定，我们得到最优的增资额度为 16.23 亿元。下面分别对不同破产概率下的保费、收益率以及资本成本率作比较静态分析。

观察图 6.4，随着保费的增加，产险公司需要的资本增加；随着可承受的破产概率增加，产险公司需要的资本减少。注意到 β 值为 2.5%、2.25%、2% 下保费较低时产险公司不需要增加资本。此时，产险公司可承受的破产概率较高，并且资本持有大于监管规定的最小资本，相对资本持有额随着保费的增加而降低。当限制较低的破产概率时，产险公司对资本的要求提高，资本主要受破产约束和资本成本最小化约束影响，随保费的增加而增加。

另外，随着破产概率等量减少，产险公司需要的资本呈扩大化增加趋势。也就是说，若产险公司初始可承受的破产概率为 2%，在这个水平下减少 0.5% 需要的资本要远远小于在 1% 的水平上减少 0.5% 的资本额。这说明，产险公司若过于注重经营安全性，则可能导致对资本的需求成倍增加，进而产生大量资本成本，不利于公司未来的发展。

观察图 6.5，随着投资收益率的增加，产险公司需要的外部资本减少，这充分说明产险公司自我增值对于资本积累的重要作用。图 6.5 中几条曲线相交于增资额为 0 的平行线，这意味着投资收益率达到一定水平并且资本满足监管要求时，产险公司无须增资，可见投资水平对公司发展意义重大。

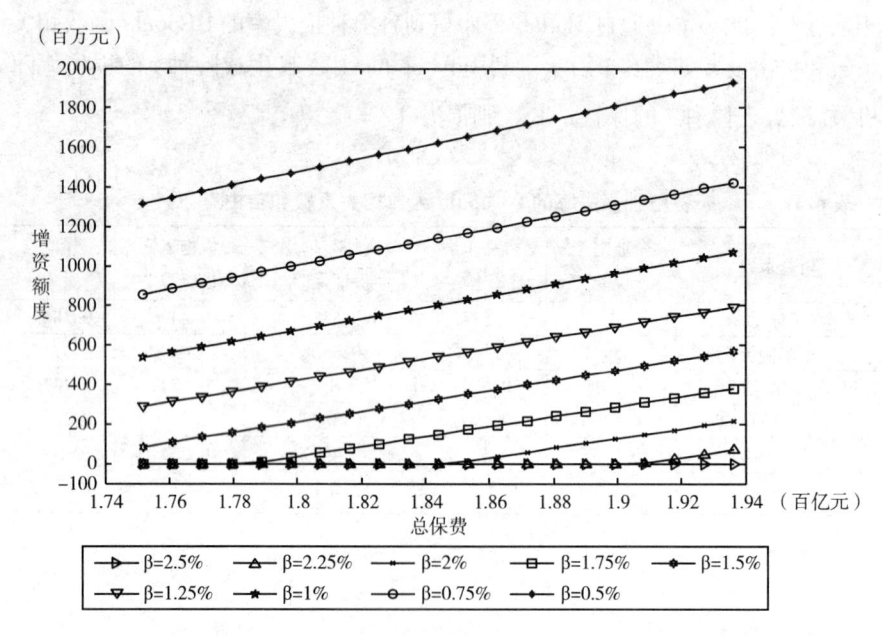

图 6.4 不同破产概率下保费与增资额的变化

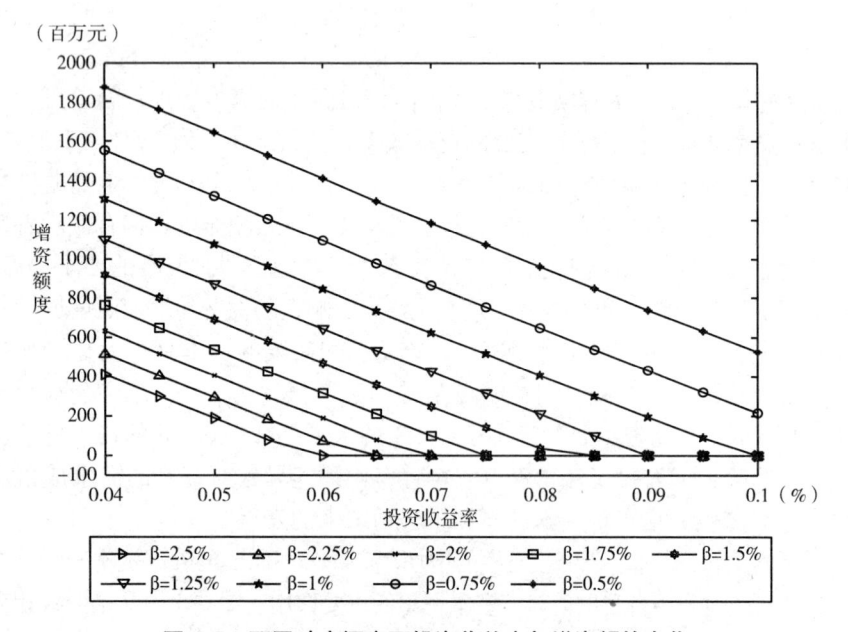

图 6.5 不同破产概率下投资收益率与增资额的变化

图 6.6 是不同的财务困境成本和摩擦成本下的增资额。容易发现，摩擦成本与增资额反相关，财务困境成本率与增资额正相关。进一步观察图 6.6，随着财务困境成本率的增加，增资额度呈现减缓趋势；随着代理成本率的增加，产险公司趋于不增资，并且当代理成本率足够小时，公司增资额度大幅增加。事实上，根据式（6.4）的计算结果，因为分布函数是单调递增的，所以根据式（6.7）可推知，在多目标框架下，增资额度与摩擦成本率和财务困境成本率之比非正相关。注意到，图 6.6 中，A、B、C、D 四个点对应不同的成本率但却得到相同的增资额度。之所以会出现这样的结论是因为这四个点对应的融资困境成本率与摩擦成本率之比相同。这表明公司管理者可以在不改变增资额度的条件下对摩擦成本与财务困境成本作出主观选择。

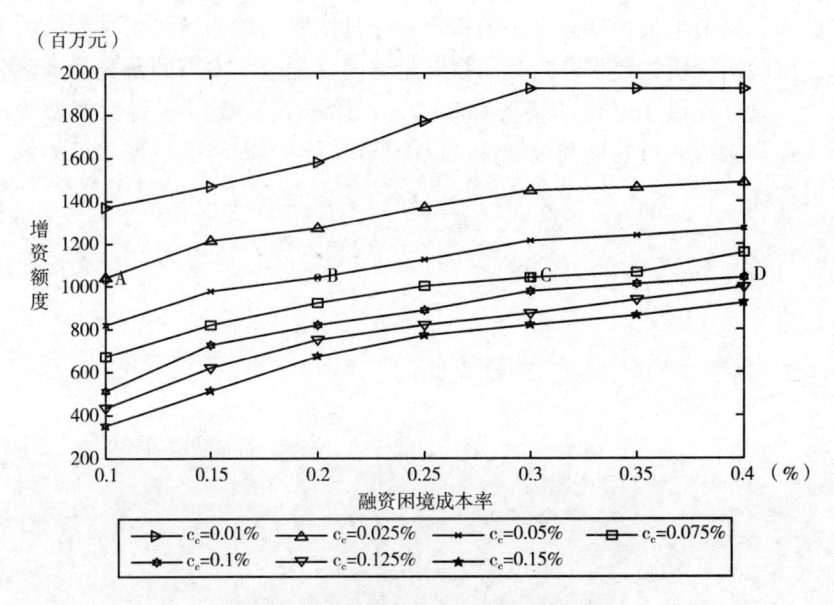

图 6.6 不同资本成本率下的增资额度

第五节 研究结论

随着保费规模的迅速增加，产险公司对资本的需求不断提高，资本管理对于产险业的重要性日渐凸显。本书以增加公司价值和控制资本成本为目标，建立了基于监管约束和破产约束的多目标资本管理模型，得到最优的增资额度。随后，本书将多目标单阶段模型拓展至多期。这一模型兼顾产险公司发展的不同目标和约束条件，能够帮助产险公司从优化资本结构的角度主动规划融资行为，有利于实现产险业的良性发展。

  数理推导和数值模拟结果均显示，增资额度与投资收益率、初始净资产负相关，这表明投资决策和资本积累对于产险公司的长期发展意义重大。除此之外，增资数额还主要受摩擦成本率和财务困境成本率之比所决定的损失分位数及公司可承受的尾部损失影响。产险公司可以根据自身现状，在不改变增资额度的条件下，牺牲一定的摩擦成本来减少财务困境成本，或者增加一定的财务困境成本来降低摩擦成本。最后，保费在两方面影响增资额度：一是保费增加导致公司承担的责任增加，相应的非预期损失提高，这要求公司持有更多的资本；二是保费的增加导致偿付能力的下降，保险监管机构要求产险公司持有足够的资本金。本书的研究为产险公司资本管理提供了必要的借鉴和参考，产险公司需要以多目标模型为指导，提高融资的目的性和规划性，以降低出现财务困境的概率和可能的资本成本。

第七章

资本规模模型的应用分析

本书第三章通过实证分析说明了产险公司的资本管理现状和各保险公司加强资本管理的紧迫性;第四章则指出产险公司资本规模决策的多目标属性;随后第五章和第六章建立了基于多目标规划的最优资本规模模型。本章在前述各章的基础上,首先采用不平衡面板数据构建固定效应模型阐明资本规模模型的合理性。然后对产险公司不同发展阶段的经营指标变化作了检验,分析不同阶段资本管理的主要任务,强调了现阶段进行最优资本规模研究的必要性。最后本章阐明多目标规划模型的局限性。虽然产险公司中自上而下不同管理部门,甚至是更细化的分支机构都有自身的发展目标,但是多目标规划模型不可能面面俱到,将所有的、不同层级的目标都涵盖在内,该模型更适合于具体部门在相近目标层级上的决策分析。

第一节 资本规模模型的合理性分析

第六章中多目标模型的求解结果表明:增资额度与投资收益率、初始净资产负相关;增资数额受由摩擦成本率和财务困境成本率之比所决定的损失分位数及公司可承受的尾部损失影响,资本与财务困境成本之间呈反向关系,与摩擦成本之间是正向关系;保费在两方面影响增资额度,在不考虑偿付能力监管时,保费越多,增资额度越低,但考虑偿付能力约束时则正好相反。为了验证这一模型的合理性,我们以成立于2006年之前的34家产险公司为研究对象,采用2003~2009年度的不平衡面板数据进行实证分析。

根据 Carayannopoulos 和 Kelly (2004) 及 Cummins 和 Nini (2002),财务困境成本的主要衡量指标有险种业务集中度、再保险程度和权益收益率,摩擦成本的衡量指标有未来的成长机会和公司规模。由于 2006 年才完全结束法定分保,因此,再保险程度对于研究期间内我国的产险公司的财务困境成本的解释力不大,这里不予考虑。原始数据全部来源于 2004~2010 年的《保险年鉴》,根据 2003 年的《产险公司偿付能力额度及监管指标管理规定》进行整理①。选取的具体变量指标及指标的描述性统计结果见表 7.1。

表 7.1 关键变量指标及其统计结果

成本名称	变量	指标	观察值	均值	最大值	最小值	标准差
被解释变量	资本(CAP)	实际资本/认可资产	213	0.27	0.96	-1.51	0.37
解释变量:财务困境成本	险种集中度(HHIL)	险种的HHI	213	0.51	1.00	0.00	0.21
	权益收益率(ROE)	净利润/实际资本	213	-0.69	34.26	-104.8	9.34
解释变量:摩擦成本	未来成长机会(GROW)	年保费增长率	213	2.05	25.92	0.32	2.66
	公司规模(SIZE)	认可资产的对数	213	7.60	11.88	2.98	1.72
解释变量	保费(PREM)	保费/认可资产	213	0.61	2.68	0.02	0.41
解释变量	投资收益折现(INVE)	1/(投资收益/认可资产+1)	213	0.97	1.11	0.79	0.04

根据第六章的求解和数值模拟结果,资本与投资收益率之间是倒数关系,所以相关解释变量对应选为倒数形式。资本与资本成本率之间的关系相对比较复杂,其中的损失分布函数是在不同险种的损失率函数的基础上通过 Copula 函数整合得到的。因此为了研究的方便,本书假定资本与资本成本率之间是线性关系。由于本书选择的面板数据样本量不够大,而且横截面个数(共 34 家保险公司)远大于时序的个数(共 7 个年度),因此,在做回归时宜采用面板校正标准误(Panel Corrected Standard Error,PCSE)方法按照截面加权(Beck 和 Karz,1995),以允许不同截面之间异方差的存在。

---

① 为了计算的方便,对认可资产和认可负债作了进一步的规定。其中,认可负债等于全部负债;保险公司的投资性金融资产和应收款中假定含有 5% 的坏账,因此,认可资产包括货币资金和定期存款、95% 的投资性金融资产(包括买入返售债券、保单质押贷款、可供出售金融资产等)、95% 的资本保证金、95% 的应收款(应收保费、应收分保账款、应收准备金等),以及实收资本、资本公积、盈余公积三项之和的 50% 与固定资产的较小者。

对表 7.1 中的变量分别进行面板混合效应、个体固定效应和个体随机效应回归。模型 I 中，个体随机效应的回归结果中 DW 统计量为 0.59，这说明模型存在较强的自相关，需要加入 AR 项；个体固定效应模型中的 F 统计量为 4.588，所以个体固定效应模型优于混合效应模型。模型 II 和模型 III 的回归结果也支持这一结论。模型 IV 和模型 V 中增加了保费和投资收益折现，其中前者 F 统计量为 7.133，个体随机效应 DW 统计量为 0.65，因此也是需要建立个体固定效应模型[①]。实证模型如下：

$$CAP_{t,i} = c_{0,i} + c_1 HHII_{t,i} + c_2 SIZE_{t,i} + c_3 GROW_{t,i} + c_4 ROE_{t,i} + c_5 PREM_{t,i} + c_6 INVE_{t,i} + c_7 u_{t,i} + \varepsilon_{t,i} \quad (7.1)$$

其中，$\varepsilon_{t,i}$ 是随机扰动项，$u_{t,i}$ 是 AR 项。该模型的回归结果见表 7.2 和表 7.3。

表 7.2　　　　实证回归结果（模型 I 至模型 III）

模型	模型 I		模型 II		模型 III	
	个体固定效应	PCSE 固定效应	个体固定效应	PCSE 固定效应	个体固定效应	PCSE 固定效应
常数项	1.114 (2.94)***	1.074 (11.1)***	0.390 (2.79)***	0.336 (6.67)***	0.945 (2.68)***	0.854 (9.19)***
ROE	0.003 (1.85)*	0.002 (3.09)***	0.002 (1.58)*	0.001 (2.13)**		
HHII	−0.255 (−0.96)	−0.208 (−6.60)***	−0.359 (−1.35)	−0.244 (−2.52)**		
SIZE	−0.091 (−2.07)**	−0.087 (−8.03)***			−0.086 (−1.94)*	−0.073 (−6.43)***
GROW	−0.040 (−1.79)*	−0.055 (−5.31)***			−0.043 (−1.89)*	−0.050 (−4.82)***
AR(1)	0.400 (5.05)***	0.359 (6.85)***	0.453 (5.50)***	0.413 (6.83)***	0.388 (4.94)***	0.339 (6.15)***
R^2	0.817	0.964	0.803	0.941	0.809	0.943

注：***、**、* 分别表示在 1%、5%、10% 的水平上显著，括号内的数值是 t 统计量。这里省略了公司虚拟变量。

---

① 模型 IV 和模型 V 中个体固定效应 D－W 值为 1.4~1.8，根据 DW 检验表无须增加 AR 项

表7.3　　　　　　　　实证回归结果（模型Ⅳ至模型Ⅴ）

模型	模型Ⅳ		模型Ⅴ	
	个体固定效应	PCSE 固定效应	个体固定效应	PCSE 固定效应
常数项	0.081	0.981	-0.011	0.954
	(-0.13)	(2.37)**	(-0.02)	(2.40)**
ROE	0.004	0.002	0.004	0.002
	(2.28)**	(2.09)**	(2.27)**	(2.13)**
HHII	-0.222	-0.196		
	(-1.21)	(-1.76)*		
SIZE	-0.157	-0.149	-0.156	-0.154
	(-4.5)***	(-7.44)***	(-4.9)***	(-8.61)***
GROW	-0.002	-0.003		
	(-0.17)	(-0.34)		
PREM	-0.191	-0.190	-0.199	-0.211
	(-2.45)**	(-3.44)***	(-2.66)**	(-3.99)**
INVE	1.662	0.662	1.634	0.632
	(3.08)***	(1.86)*	(3.04)**	(1.79)*
R^2	0.763	0.889	0.760	0.893

观察财务困境成本指标，权益收益率大的公司能够通过内部资本自我增值，陷入财务困境的可能性小，可能的财务困境成本较小。而权益收益率越大，产险公司外部增资越少，可见财务困境成本率与外部资本之间是正向关系。对于险种结构，Carayannopoulos 和 Kelly（2004）及 Cummins 和 Nini（2002）指出经营险种较多的产险公司面临的风险会更多样化和复杂化，因此，险种集中度大的产险公司由于拥有的险种相对少而简单，所以陷入财务困境的可能性小，需要的资本也越少。因此，财务困境成本率与增加的资本之间是正向关系。

模型Ⅳ和模型Ⅴ中，保费增加1%，公司的资本持有相对减少0.2%，当产险公司来不及增资或者当前资本满足监管要求和破产约束而不需要增资时，保费的增加会导致资本相对减少。这意味着保费的增长对资本产生巨大消耗，是导致产险公司增资的重要原因。模型Ⅳ和模型Ⅴ的结果还显示，投资收益率越高，产险公司的增资需求越低。这表明投资收益对资本的贡献很大，投资收益率的提高能够有效降低公司对外部资本的依赖。

综上所述，根据实证检验结论，多目标规划模型的求解结果是符合产险

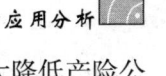

公司的基本发展规律的。该模型的实践操作和实际运用将会大大降低产险公司进行资本管理的盲目性和紧迫性，为公司未来发展的合理规划提供依据。

第二节 资本规模模型应用必要性分析

多目标规划模型构建的主要目的是确定产险公司的最优增资规模，而资本管理的内容却远远大于这一范畴。在不同的发展阶段，基于多目标规划的最优增资规模所面临的目标侧重点也是不一样的，同时，资本管理的具体内容也是不同的。为此，以下将通过检验产险公司资产、保费规模、利润、费用、风险等在不同阶段的变化情况，得到产险公司在不同时期的经营策略和经营目标，对产险公司在不同发展阶段的资本管理作出分析，指出当前研究最优资本规模的必要性。

一、产险公司不同经营阶段发展的实证分析

（一）资产、利润、保费和费用的实证分析

1. 资产、利润、保费和费用的变化。

为了分析资产、利润、保费、费用在产险公司不同发展阶段的变化，图7.1、图7.2、图7.3描述了我国经营时间在四年以上的、41家[①]的财产

[①] 这41家公司分别是（为了方便起见，下面均用每个公司括号中的简称代替）：爱和谊财产保险（中国）有限公司（爱和谊）、安邦财产保险股份有限公司（安邦）、安诚财产保险股份有限公司（安诚）、安华农业保险股份有限公司（安华）、安联保险公司广州分公司（安联）、法国安盟保险公司成都分公司（安盟）、安信农业保险股份有限公司（安信）、渤海财产保险股份有限公司（渤海）、中国出口信用保险公司（信保）、中国大地财产保险股份有限公司（大地）、大众保险股份有限公司（大众）、东京海上日动火灾保险（中国）有限公司（东京海上）、都邦财产保险股份有限公司（都邦）、丰泰保险（亚洲）有限公司上海分公司（丰泰）、华安财产保险股份有限公司（华安）、华农财产保险股份有限公司（华农）、华泰财产保险股份有限公司（华泰）、太阳联合保险（中国）有限公司（皇家太阳）、利宝保险有限公司（利宝）、丘博保险（中国）有限公司（美国联邦）、美亚财产保险公司（美亚）、民安保险（中国）有限公司（民安）、中国人民财产保险股份有限公司（人保）、中国平安财产保险股份有限公司（平安）、中国人寿财产保险股份有限公司（简称为人寿财）、日本财产保险（中国）有限公司（日本财）、三井住友海上火灾保险（中国）有限公司（三井住友）、三星火灾海上保险（中国）有限公司（三星）、苏黎世保险公司北京分公司（苏黎世）、中国太平洋财产保险股份有限公司（太保财）、太平财产保险有限公司（太平）、天安保险股份有限公司（天安）、天平汽车保险股份有限公司（天平）、现代财产保险（中国）有限公司（现代）、阳光财产保险股份有限公司（阳光财）、阳光农业相互保险公司（阳光农业）、永安财产保险股份有限公司（永安）、永诚财产保险股份有限公司（永诚）、中华联合财产保险股份有限公司（中华联合）、中意财产保险有限公司（中意财）、中银保险有限公司（中银）。

产险公司资产、利润、保费及费用随公司年龄的变化情况。其中横轴为公司年龄，左侧纵轴为资产、保费、费用的自然对数，右侧纵轴为营业利润。

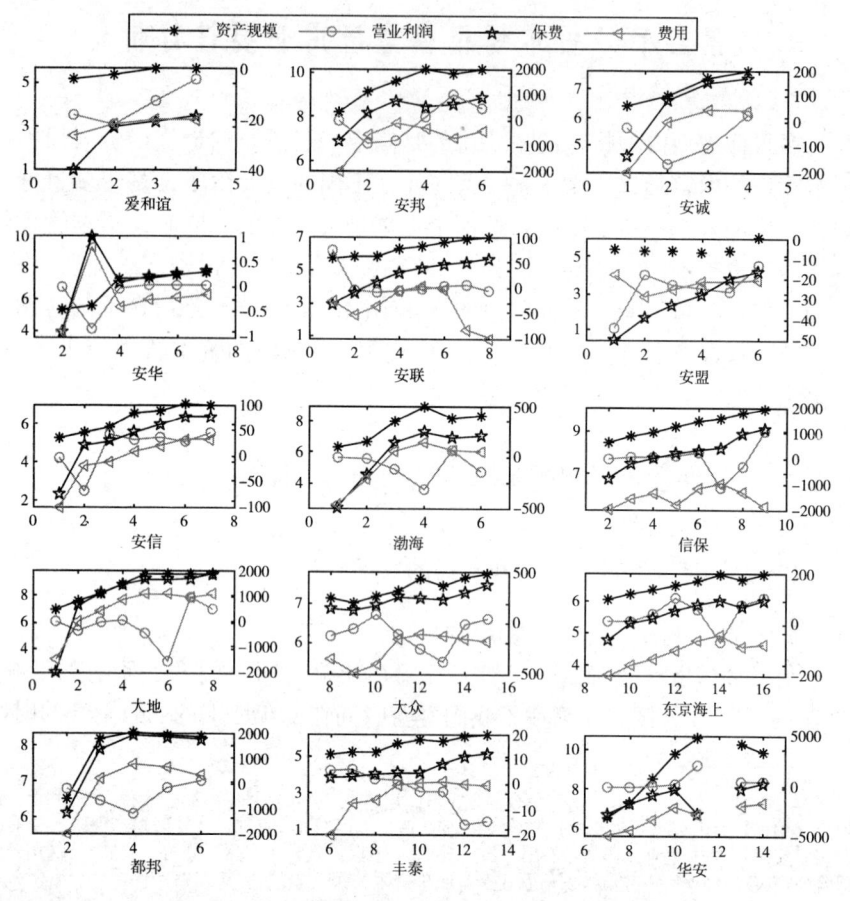

图7.1 不同发展阶段资产、利润、保费、费用情况

首先观察各产险公司资产和保费的变化。保费和资产规模之间存在很强的相关性，并且随着经营时间的推移，保费和资产规模都在不断增加，其中公司发展初期的保费和资产规模的增加速度相对较大。这一特点在中资产险公司，如安邦、安诚、安信、渤海、都邦、华农、人寿财、阳光财、永诚等的发展中体现较为明显。对于刚刚成立的新公司而言，其经营的基本目标是生存，而产险公司得以生存的关键是产险业务。所以，拓展业务规模，增大市场份额成为众多公司发展初期的首选目标，保费和资产规模快速增加。相比中资产险公司而言，外资或者合资产险公司在初始阶段保费和资产规模的发展较慢，如日本财产、三井住友、三星、安联等。之所以出现这一现象，一方面，外资产险公司在我国的发展受到一些政策限制；另一方面，不同的企业文化或者成长环境可能导致公司采取不同的发展战略。无论是新生的中资公司还是外资公司，在经历一段时间的迅速发展之后，产险业务的发展趋于平缓，资产规模的增速减慢。

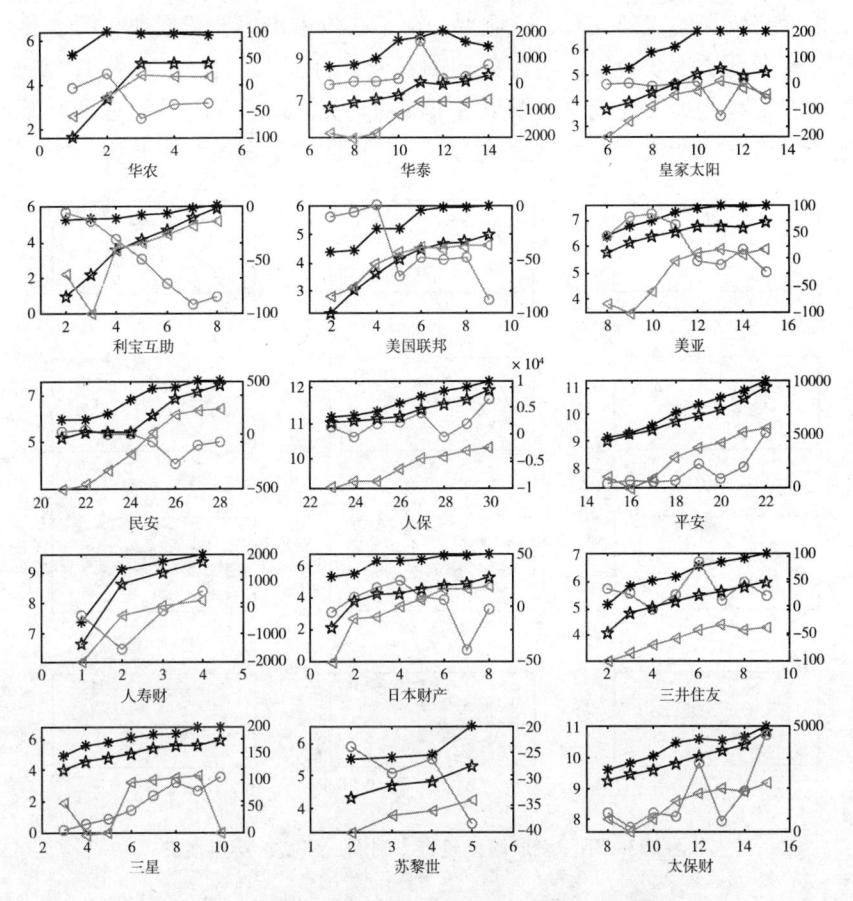

图 7.2　不同发展阶段资产、利润、保费、费用情况

其次观察图 7.1、图 7.2、图 7.3 中营业利润随时间的变化，安邦、安诚、渤海、大地、都邦、人寿财等产险公司的利润曲线呈现局部的正"U"形。一般而言，新生产险公司在发展初期营业利润呈现负向增长，当达到盈亏平衡年之后，公司的利润才开始正向增长。前期的亏损：其一是由于市场经营时的亏损，主要体现于在抢占市场、争夺客户源时，支付手续费等经营性支出亏损；其二是产险公司负债经营的特殊性导致。相对而言，外资公司的这一特性则并不显著。观察日本财产、三井住友、三星、美国联邦等公司的利润曲线，在经营初期它们是存在经营利润的，而且没有出现负向增长的趋势。

最后观察图7.1、图7.2、图7.3中费用随时间的变化，费用与保费增长存在较强的正向关系，这主要是由于在抢占市场、拓展业务时，存在较高的佣金、手续费等。随着公司的经营，许多产险公司，例如，安诚、大众、都邦、天安等费用曲线呈现下降的趋势。这意味着公司逐渐开始重视控制经营管理成本。所以整体而言，费用曲线呈现局部倒"U"形。

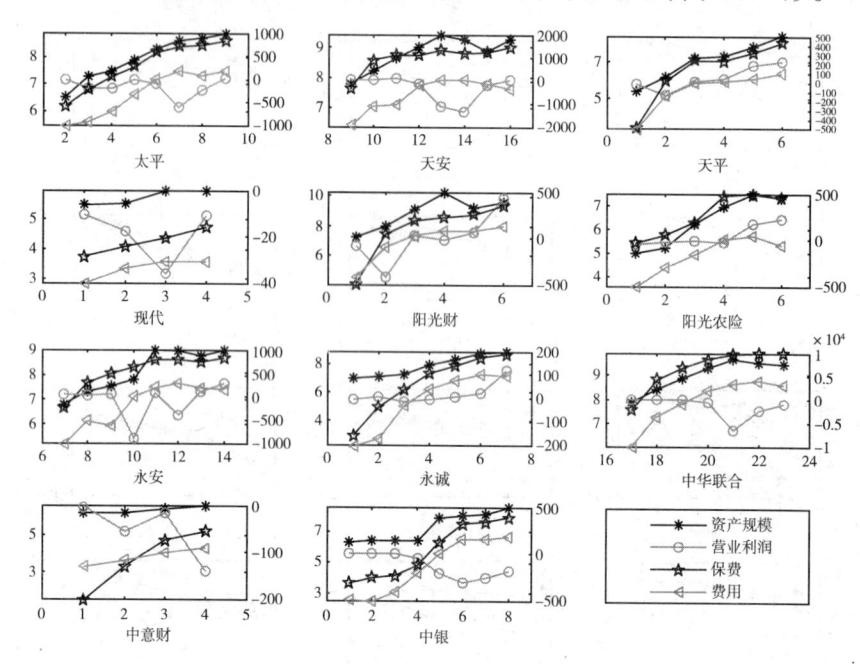

图7.3 不同发展阶段资产、利润、保费、费用情况

2. 资产、利润、保费和费用在不同阶段的回归分析。

以上是针对图形的描述性分析，下面建立线性回归模型，从更严格的角度来分析资产、利润、保费及费用在不同阶段的变化。因为自2003年开始，中国的产险财分业经营，所以，仍然选择2003～2010年产险公司的经营数据为研究样本。分别建立线性回归模型如下：

第七章 资本规模模型的应用分析

$$ASSET_{i,t} = \alpha_1 + \alpha_2 AGE_{i,t} + \alpha_3 D_{i,1} + \alpha_4 D_{i,2} + \alpha_5 D_{i,3} + \mu_{i,t}$$
$$FEE_{i,t} = \beta_1 + \beta_2 AGE_{i,t} + \beta_3 D_{i,1} + \beta_4 D_{i,2} + \beta_5 D_{i,3} + \varepsilon_{i,t}$$
$$PREM_{i,t} = \gamma_1 + \gamma_2 AGE_{i,t} + \gamma_3 D_{i,1} + \gamma_4 D_{i,2} + \gamma_5 D_{i,3} + \phi_{i,t}$$
$$PROF_{i,t} = \eta_1 + \eta_2 AGE_{i,t} + \eta_3 D_{i,1} + \eta_4 D_{i,2} + \eta_5 D_{i,3} + \nu_{i,t}$$
$$ASSET_{i,t} = \alpha_{1,i} + \alpha_2 AGE_{i,t} + \alpha_3 D_{i,1} + \alpha_4 D_{i,2} + \alpha_5 D_{i,3} + \mu_{i,t}$$
$$FEE_{i,t} = \beta_{1,i} + \beta_2 AGE_{i,t} + \beta_3 D_{i,1} + \beta_4 D_{i,2} + \beta_5 D_{i,3} + \varepsilon_{i,t}$$
$$PREM_{i,t} = \gamma_{1,i} + \gamma_2 AGE_{i,t} + \gamma_3 D_{i,1} + \gamma_4 D_{i,2} + \gamma_5 D_{i,3} + \phi_{i,t}$$
$$PROF_{i,t} = \eta_{1,i} + \eta_2 AGE_{i,t} + \eta_3 D_{i,1} + \eta_4 D_{i,2} + \eta_5 D_{i,3} + \nu_{i,t} \quad (7.2)$$

其中，前四个对应的是混合模型，后四个对应的是个体固定效应或者随机效应模型。ASSET，FEE，PREM 分别是资产、费用、保费的自然对数，PROF 是经营利润。i 表示不同的公司，t 是时间变量。AGE 是产险公司的经营年限。D_1，D_2，D_3 都是虚拟变量，D_1 标识产险公司属于中资还是外资，中资为 1，外资为 0；D_2 标识产险公司成立时间是否在 20 世纪 80 年代，若是则为 1；D_3 标识产险公司成立时间是否在 90 年代，若是则为 1；后两个虚拟变量的引入主要是为了消除成立于不同时期的公司受当时的经济环境的影响。μ_t，ε_t，ϕ_t，ν_t 则为回归的扰动项。回归结果分别见表 7.4、表 7.5、表 7.6 和表 7.7。

表7.4　　　　　　　　　资产和费用的线性回归结果

变量	资产			费用		
解释变量/模型	混合 OLS	个体固定	随机效应	混合 OLS	个体固定	随机效应
年龄	0.233 ***	0.274 ***	0.272 ***	0.256 ***	0.330 ***	0.322 ***
	(9.77)	(23.74)	(23.75)	(8.57)	(14.62)	(14.54)
D_1	1.936 ***	—	1.763 ***	2.412 ***	—	2.273 ***
	(15.66)	—	(6.10)	(15.55)	—	(6.98)
D_2	-2.188 ***	—	-2.915 ***	-2.148 ***	—	-3.390 ***
	(-4.49)	—	(-5.14)	(-3.51)	—	(-4.71)
D_3	-0.594 ***	—	-0.901 **	-0.582 **	—	-1.118 ***
	(-2.72)	—	(-2.46)	(-2.12)	—	(-2.59)
常数	4.949 ***	5.380 ***	4.915 ***	2.344 ***	2.807 ***	2.226 ***
	(34.07)	(58.89)	(19.89)	(12.85)	(15.69)	(7.75)
R^2	0.6073	0.6919	0.2491	0.5960	0.4601	0.2401

续表

变量	资产			费用		
解释变量/模型	混合 OLS	个体固定	随机效应	混合 OLS	个体固定	随机效应
F 统计量	—	35.32	—	—	11.55	—
B-P LM 统计量	—	—	605.67	—	—	328.13
Hausman 统计量	—	—	1.5	—	—	2.91
个体	303	303	303	303	303	303

表 7.4 列出了资产和费用的混合 OLS、个体固定和随机效应的回归结果。这是针对 51 个样本公司的 303 个样本数据进行的整体回归分析，以确定最优回归模型。对资产作个体固定效应回归，F 统计量为 35.32，对应的 p 值为 0，所以个体固定效应优于混合 OLS 模型；同时 B-P LM 统计量为 605.67，对应的 p 值为 0，这表明随机效应也优于混合 OLS 模型；最后，Hausman 统计量为 1.5，p 值为 0.22，所以随机效应模型优于个体固定效应模型。因此，在对资产进行分阶段回归分析时，采用了随机效应模型。采用同样的分析方法，我们发现，对于费用、保费和利润，随机效应模型也优于其他两个模型。表 7.6 和表 7.7 均是采用随机效应模型回归的结果。

整体而言，资产、费用、保费和利润都随着公司的经营年龄递增。关于资产、保费和利润的这一变化规律是毋庸置疑的，但对于费用，这主要是由于物价水平的影响。通过表 7.4 和表 7.5 还可以发现，中资产险公司的资产、保费、费用变化快于外资产险公司，这与外资公司在我国受到的种种发展限制有密切关系。但是，中资产险公司的利润变化并没有显著高于外资公司，这凸显了中资公司过分注重规模而忽视了利润增长这一重要现实问题。另外，D_2 和 D_3 对资产、保费和费用也产生了显著的影响，这表明成立于不同年代的产险公司，它们的经营发展模式受其面临的经济环境影响较大。

表 7.5 保费和利润的线性回归结果

变量	保费			利润		
解释变量/模型	混合 OLS	个体固定	随机效应	混合 OLS	个体固定	随机效应
年龄	0.346***	0.381***	0.379***	65.43***	64.12***	63.19***
	(10.77)	(16.61)	(16.86)	(3.00)	(2.62)	(2.88)
D_1	2.496***	—	2.351***	126.1	—	100.7
	(14.98)		(6.22)	(1.11)		(0.68)
D_2	−3.332***	—	−3.858***	−525.3	—	−523.2
	(−5.07)		(−4.80)	(−1.18)		(−1.08)
D_3	−0.925***	—	−1.124**	−164.6	—	−159.8
	(−3.15)		(−2.28)	(−0.82)		(−0.68)
常数	2.874***	3.474***	2.775***	−422.8***	−436.1**	−388.8**
	(14.67)	(19.12)	(8.42)	(−3.18)	(−2.25)	(−2.54)
R^2	0.6222	0.5236	0.3124	0.0813	0.0267	0.1416
F 统计量	—	13.52		—	2.50	
B-P LM 统计量	—		332.93	—		53.62
Hausman 统计量		0.15			0.01	
个体	303	303	303	303	303	303

为了得到不同阶段的资产和费用的变化,我们对产险公司的年龄段进行了划分:从成立起到第三年是第一个阶段,第四年到第七年是第二阶段,第八年到第十二年是第三个阶段,超过十三年的是第四个阶段。针对不同的阶段分别作线性回归,结果见表 7.6 和表 7.7。

表 7.6 分阶段的资产和费用回归结果

变量	资产				费用			
阶段	第一阶段	第二阶段	第三阶段	第四阶段	第一阶段	第二阶段	第三阶段	第四阶段
年龄	0.43***	0.22***	0.33***	0.2***	0.81***	0.28***	0.28***	0.3***
	(8.79)	(7.09)	(8.37)	(11.7)	(7.26)	(4.30)	(4.41)	(9.34)
中外资	1.252***	1.82***	2.42***	2.6***	2.06***	2.29***	2.67***	2.8***
	(3.87)	(4.65)	(6.49)	(4.11)	(5.15)	(5.02)	(4.40)	(3.90)

续表

变量	资产				费用			
阶段	第一阶段	第二阶段	第三阶段	第四阶段	第一阶段	第二阶段	第三阶段	第四阶段
y1990		-0.939*	-0.687*	-1.6**		-1.29**	-0.0489	-1.9**
		(-1.73)	(-1.81)	(-2.2)		(-1.97)	(-0.08)	(-2.4)
常数	4.8***	5.2***	4.0***	3.9***	1.27***	2.56***	1.577**	0.527
	(17.4)	(14.92)	(9.01)	(7.06)	(3.22)	(5.20)	(2.16)	(0.73)
个体	95	89	63	56	95	89	63	56

表7.7　　　　　　　　分阶段的保费和利润回归结果

变量	保费				利润			
阶段	第一阶段	第二阶段	第三阶段	第四阶段	第一阶段	第二阶段	第三阶段	第四阶段
年龄	1.3***	0.3***	0.2***	0.25***	-129.1	-3.251	99.14*	188**
	(10.8)	(9.68)	(7.91)	(11.5)	(-1.2)	(-0.1)	(1.75)	(2.19)
中外资	2.3***	2.3***	2.7***	2.8***	-280	-35.51	392***	780.2
	(4.80)	(4.77)	(5.64)	(3.79)	(-1.2)	(-0.5)	(2.81)	(1.35)
y1990	—	-1.037	-0.539	-1.14	—	11.51	-72.26	-1430
		(-1.6)	(-1.1)	(-1.4)		(0.08)	(-0.4)	(-1.5)
常数	0.663	3.5***	4.0***	2.6***	263.3	9.747	-924*	-2774*
	(1.45)	(8.26)	(9.32)	(4.14)	(0.91)	(0.05)	(-1.8)	(-2.1)
个体	95	89	63	56	95	89	63	56

研究发现，在第一阶段，保费关于年龄的回归系数为1.3，费用关于年龄的回归系数为0.81，均远高于其他阶段。这说明多数产险公司在成立初期将扩大公司规模作为主要的发展目标。规模的扩大本身伴随着各种费用，同时，产险公司发展初期的规模经济成本优势尚未形成，所以费用在这一阶段也快速增加。此外，中资产险公司的保费和费用变化要高于外资公司。外资公司在机构设立等方面相对谨慎，多数坚持以利润为导向，效益观念和合规意识较强，追求规模扩张的程度小于中资公司。在第二、第三、第四阶段，费用和保费的增长逐渐趋于稳定，费用随年龄的变化在0.29左右，保费随年龄的变化程度在0.25左右。产险公司在这几个阶段对保费和费用均有所控制，产险公司不再将公司规模作为主要的发展目标。

根据表7.6，资产在第一阶段的增速虽然也高于其他各个阶段，但是其差异程度却远远低于费用和保费。保费的增长毫无疑问会增加资产规模，但是，资产的增加也与产险公司的资金运用存在密切的关系。所以宏观经济形势的差异，以及资金运用的能力在一定程度上降低了产险公司在不同发展阶段下资产变化的程度。

表7.7表明了产险公司不同阶段的利润变化。整体而言，随着公司年龄的增长，利润的回归系数分别为 - 129.1、- 3.3、99.1、188。根据前述分析，产险公司在第一阶段主要以扩张公司规模、提高保费收入为发展目标。基于产险业的负债经营模式，以及该时期公司经营者对利润的重视度较低，因此，公司利润呈现明显的下降趋势。但扩张公司规模并不是产险公司经营的最终目标，所以，当规模达到一定程度时，产险公司开始注重发展效益，利润随着公司的继续经营而开始逐渐提高。因此，公司的发展目标由原来的抢占市场、扩大规模逐渐转变为提高经营利润。进一步对比中外资产险公司，在前两个阶段，外资产险公司的利润高于中资公司，但是后两个阶段，外资公司的利润则相对较低。外资产险公司在我国发展初期，主要坚持以利润为导向，没有盲目地扩张公司规模，但是业务规模小、营业网点少必然会造成风险的集中。尤其是对于产险公司，因为产险业务的地域性较强，受自然灾害等地域突发事件的影响较大，而这造成经营利润的波动，经营成本不能有效分摊。以上分析表明，中外资公司针对不同发展目标的权衡导致了其经营轨迹的差异。

（二）险种结构、保险暴露的实证分析

由于产险公司是以风险为对象负债经营的企业，所以它应该比别的金融企业更加注重风险控制。一方面，产险公司经营的好坏涉及千家万户的利益，产险公司安全经营能够保障广大保户的利益，进而赢得更多产险业务；另一方面，保险监管结构和金融评级机构对产险公司的经营给予强有力的外界压力，要求其保证充足的偿付能力。为了研究产险公司在不同经营阶段对风险的控制情况，本节采用直保保费与所有者权益之比，即保险暴露来衡量产险公司的经营风险，采用与前面类似的回归模型做出分析。同时，产险业务的险种结构决定了产险公司保费的来源和赔付的程度，是产险公司经营的基础，因而需要对不同阶段的险种结构的变化进行实证分析，其衡量指标为赫芬达尔—赫希曼指数。各产险公司的保险暴露和险种集中度折线图如图7.4所示。仅通过观察该图难以发现一般性的规律，所以下面将对险种集中度和保险暴露进行实证检验。

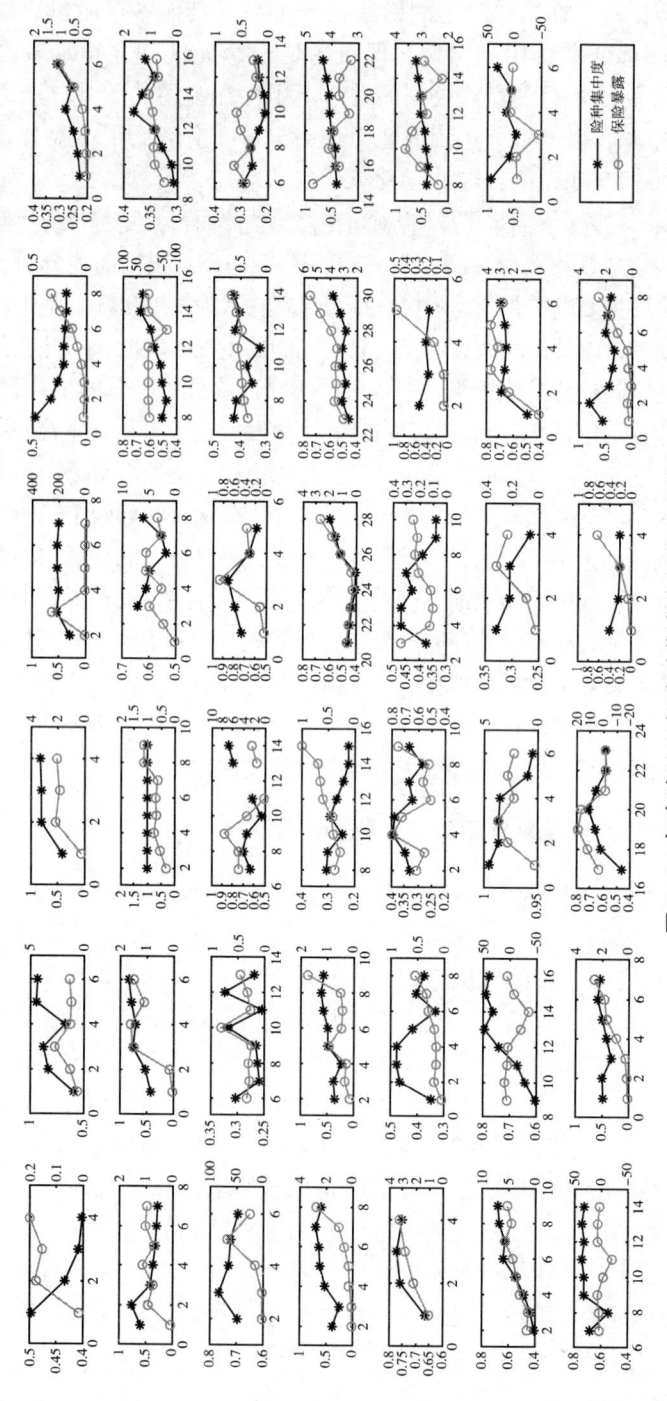

图 7.4 各产险公司的险种集中度和保险暴露

注：横轴为公司年龄，左纵轴为险种集中度，右纵轴为保险暴露；这41个图对应的公司名称分别为：爱和谊、安邦、安诚、安华、安联、安盟、安信、渤海、信保、大地、大众、东京海上、都邦、丰泰、华安、华泰、华农、华宝、皇家太阳、利宝、民安、美亚、美国联邦、平安、人保、人寿财、日本财、三井住友、三星、苏黎世、太保财、太平、天安、天平、现代、阳光财、阳光农业、永安、永诚、中华联合、中意财、中银。

120

建立面板回归模型：

$$HHI_{i,t} = \delta_1 + \delta_2 AGE_{i,t} + \delta_3 D_{i,1} + \delta_4 D_{i,2} + \delta_5 D_{i,3} + \pi_{i,t}$$
$$RISK_{i,t} = \zeta_1 + \zeta_2 AGE_{i,t} + \zeta_3 D_{i,1} + \zeta_4 D_{i,2} + \zeta_5 D_{i,3} + \kappa_{i,t}$$
$$HHI_{i,t} = \delta_{1,i} + \delta_2 AGE_{i,t} + \delta_3 D_{i,1} + \delta_4 D_{i,2} + \delta_5 D_{i,3} + \pi_{i,t}$$
$$RISK_{i,t} = \zeta_{1,i} + \zeta_2 AGE_{i,t} + \zeta_3 D_{i,1} + \zeta_4 D_{i,2} + \zeta_5 D_{i,3} + \kappa_{i,t} \quad (7.3)$$

其中，前两个模型是混合模型，后两个模型是个体固定效应或者随机效应模型。HHI，RISK 分别是险种集中度和保险暴露，D_1，D_2，D_3 含义同上，κ_t，π_t 为回归扰动项，其他为回归参数①。

表 7.8 是采用所有样本数据对保险暴露和险种结构进行回归的结果。整体而言，随着年龄的增加，险种集中度呈现缓慢增加的趋势，保险暴露则逐渐降低。对于险种集中度的回归分析，由于 F 统计量是 15.15，B-P LM 统计量为 422，而 Hausman 统计量为 0.32，对应的 p 值为 0.57，所以最优的回归模型是随机效应模型。对于保险暴露，F 统计量为 1.15，相应的 p 值为 0.24；B-P LM 统计量和 Hausman 统计量均为 0.33，相应的 p 值为 0.57，所以最优回归模型为混合 OLS 模型。表 7.9 中针对不同阶段的险种集中度和保险暴露的分析分别采用随机效应模型和混合 OLS 模型。

表 7.8　　　　　　险种结构和保险暴露回归结果

变量	险种集中度			保险暴露		
解释变量/模型	混合 OLS	个体固定	随机效应	混合 OLS	个体固定	随机效应
AGE	0.00648*	0.00838***	0.00809***	-0.122	-0.276	-0.122
	(1.69)	(3.18)	(3.13)	(-0.33)	(-0.60)	(-0.33)
中外资	0.232***	—	0.225***	2.368	—	2.368
	(11.64)		(5.04)	(1.24)		(1.24)
y1980	0.187**	—	-0.220**	2.887	—	2.887
	(2.39)		(-2.33)	(0.38)		(0.38)
y1990	0.0753	—	-0.128**	-1.792	—	-1.792
	(1.32)		(-2.20)	(-0.53)		(-0.53)

---

① 注意模型 (7.3) 中即使回归系数的符号一样，但是由于采用的回归模型不一样，其具体系数是不同的。

续表

变量	险种集中度			保险暴露		
解释变量/模型	混合 OLS	个体固定	随机效应	混合 OLS	个体固定	随机效应
常数	0.203**	0.460***	0.392***	1.788	4.169	1.788
	(2.16)	(21.87)	(10.10)	(0.79)	(1.15)	(0.79)
R^2	0.3385	0.0392	0.0213	0.0128	0.0015	0
F 统计量	—	15.15	—	—	1.15	—
B-P LM 统计量	—	—	422.00	—	—	0.33
Hausman 统计量	—	—	0.32	—	—	0.33
个体	303	303	303	303	303	303

表 7.9　险种结构和保险暴露的分阶段回归结果

变量	险种结构				保险暴露			
阶段	第一阶段	第二阶段	第三阶段	第四阶段	第一阶段	第二阶段	第三阶段	第四阶段
年龄	3.3	0.23	-0.29	-0.121	3.981	0.0973	-0.29	-0.193
	(1.04)	(0.42)	(-0.84)	(-0.22)	(1.15)	(0.13)	(-0.84)	(-0.38)
中外资	5.019	3.625*	2.65***	-3.634	4.397	3.766**	2.65***	-3.04
	(0.72)	(1.68)	(3.12)	(-0.98)	(0.77)	(2.41)	(3.12)	(-0.93)
y1990	—	-0.811	0.0201	8.897	—	-0.528	0.0201	-9.551*
	—	(-0.2)	(0.02)	(1.49)	—	(-0.17)	(0.02)	(-1.79)
常数	-6.8	-0.506	3.049	0.233	-8.165	0.108	3.049	10.27
	(-0.8)	(-0.2)	(0.99)	(0.03)	(-0.95)	(0.03)	(0.99)	(0.84)
个体	95	89	63	56	92	89	63	56

表 7.8 中分阶段回归结果显示，在各产险公司发展的前两个阶段，险种集中度较高，且呈现上升趋势；在第三阶段和第四阶段，险种集中度则逐渐降低。所以，整体而言，产险公司的险种结构在逐渐优化。观察图 7.4，多数产险公司在营业初期的险种集中度处于 0.5 以下，另外，根据《中国保险年鉴》中关于财产险业务的统计结果，产险公司在初期的险种类别数一般都在四种以上。随着产险公司的经营，险种集中度逐渐提高；当达到一定程度后，险种集中度开始降低。这可以解释为：在前两个阶段，特别是在第一阶段，公司在以规模为导向的扩张中，由于存在盲目

性，所以险种结构倾向于市场销量较好的产品，因此险种集中度不断提高；当产险公司将发展目标转移到经营效益上以后，公司开始扩展经营效益好而销量可能不是很好的险种，或者不断进行产品创新，开设新型险种，这又使得保险险种集中度降低，险种结构得以优化。

对于保险暴露，它是直保保费与所有者权益的比值，因此保险暴露越小，产险公司的安全性越高。表7.9表明，在第一、第二、第三、第四阶段，保险暴露关于年龄的回归系数分别为3.9、0.09、-0.29、-0.19。这说明随着公司的持续经营，产险公司的风险整体上呈现降低的趋势。但是具体而言，在第一阶段和第二阶段，风险是逐渐提高的，而在后两个阶段，风险则不断降低。当过分追求产险业务规模时，产险业务质量就难以得到保证，因此公司风险较高。而公司具备一定规模之后，便开始关注未来发展的可持续性，包括控制经营风险、调整业务结构、提高经营效益等。

二、不同发展阶段产险公司的资本管理

根据前述分析，产险公司的发展主要经历了如下几个阶段：规模快速扩张、盈利能力不足但资本充裕期；规模快速扩张、盈利能力不足且资本紧张期；规模、盈利能力稳定期。当前我国的产险公司大多数处于第二个发展阶段。

（一）规模快速扩张、盈利能力不足但资本充裕期

根据产险公司的进入机制，产险公司的注册资本金必须达到2亿元。但是一般而言，公司在成立时的注册资本可能会远大于这个标准。例如，泰山财产产险公司的注册资本金是20.3亿元，紫金财产保险股份有限公司的注册资本金是25亿元，浙商财产保险股份有限公司的注册资本金为10亿元。在公司成立初期，业务从规模为零开始逐渐增加。根据实证分析的结果，虽然公司的利润处于负增长阶段，但是由于业务规模较小，所以产险公司的偿付能力较强，资本是相对充裕的，基本没有融资压力。这一时期的资本管理主要体现在提升资本使用效率、控制资本成本上。

产险公司在不断扩大业务规模的同时，需要不断优化业务结构，尽量减少资本需求，提高使用效率。根据表7.9，在公司建立初期，险种集中度非常高，随着经营发展的进一步深入，产险公司将不断增加新型险种，

丰富险种结构。与此同时,公司管理者需要从长远的角度,对资本进行合理配置。经济资本方法是产险公司进行资本配置的有效手段。在经济资本的框架内,产险公司把经济资本分配到各分支机构和各个业务线,以考察不同分支机构、不同业务线的资本使用情况。然后根据这些机构和业务线的获益能力优化业务结构,将资本分配到边际收益较高的业务上去。这样,产险公司在提高了资本使用效率的同时,也增加了资本的整体边际收益率,有效地改善了产险公司的资本管理状况。

产险公司还需要采用各种管理手段降低资本成本。因为在资本充裕时期,管理者可支配的现金流增加,这可能助长他们在职消费等牟取私利的行为,从而增加资本的持有成本。所以,这期间,产险公司必须从多方面着手降低资本成本。其中非常重要的一点是要加强公司内部控制,降低资本损耗。通过加强对产险公司内部的控制,认真梳理公司经营过程中各个环节和各个流程的风险,采用合理充分的管理和控制措施,加强对每项资金流的监控,使每项资金都能够用到实处,从而降低经营成本和风险,降低资本损耗,在整体上提升公司的盈利能力。与此同时,还要增强公司内部员工的成本意识,维护资本的安全。对于满足业务发展需要之外的资本要进行合理、充分的投资,保证资本能够保值升值。

(二)规模快速扩张、盈利能力不足且资本紧张期

在产险公司经营的第二个阶段,保费规模仍然以较快的速度增长,但是盈利能力尚处于负增长状态,这导致资本比较紧张,产险公司面临增资压力。2008年,我国财产险全行业亏损117.41亿元。这种经营亏损直接导致对资本的大量消耗,降低了资本的保值增值能力。同时,保费规模的持续增加,导致各产险公司的偿付能力充足率持续降低,有些公司甚至濒临或者低于100%的充足标准。在这种条件下,资本约束成为公司进一步发展的重要制约因素,产险公司必须加强融资管理。目前我国产险公司融资的主要方式有股东增资和发行次级债。

由于增资扩股是产险公司融资最直接、最简单的方式,因此备受各产险公司青睐。同时,受宏观经济环境和我国产险业发展现状的制约,目前90%以上的公司都是通过这种方式筹集资金,它是产险公司提高资本充足率、增强偿付能力的有效途径。但是,由于这种方式需要协调多方的利益关系,所以操作时间较长,不确定性较大。一般而言,公司增资扩股存在许多限制条件,它必须获得董事会和多数股东的同意,而并非所有的股东

都愿意增资。一方面，由于产险公司的盈利周期较长，有些股东会对公司的未来发展失去信心和耐心，因而不愿意继续出资。另一方面，有些股东会对管理层是否尽职尽责提出质疑也不乐意增资。当股东们的意见不一致时，产险公司的增资进程就会非常缓慢，产险公司需要克服重重困难，同时他们还有可能面临增资扩股不成功的风险。所以正如第四章和第五章的多目标规划模型所指出的，产险公司需要预先对公司的未来发展作出规划，提高融资的计划性和目的性，防止公司陷入偿付能力困境。以大地财险为例，2008 年其偿付能力出现了不足。由于没有提前做好融资规划，大小股东之间出现分歧，一些小股东不愿意提供更多资金用于增资，也不愿意大股东单独出资稀释股权，所以希望能够退出。但是由于价格分歧，导致双方陷入僵局。由于没有及时增资，大地财险受到保险监督管理委员会的惩罚，要求其暂停上海、江苏、浙江、江西等 5 个省市的非车险业务。虽然经过之后的两轮注资，大地财险获得 30 多亿元的资金支持，但是困扰大地财险大半年的偿付能力问题仍然对大地财险的声誉和经营产生了比较显著的负面影响。

产险公司次级债是指公司经批准定向募集，期限在 5 年或者 5 年以上，本金和利息的清偿顺序位于保单责任和其他负债之后且先于股权资本的债务。2004 年 10 月，《产险公司次级定期债务管理暂行办法》明确规定符合条件的产险公司可以发行次级债。发行次级债产险公司是快速高效补充资本的便捷方式，有利于其迅速达到偿付能力的要求；同时，由于产险公司发行次级债需要定期进行信息披露，从而有助于保险监管机构监管效率的提高。但是发行次级债并没有在真正意义上解决产险公司的偿付能力危机，只是暂时性地掩盖了偿付能力问题，保证在短期内产险公司的资金链不会断裂。但是如果公司长期经营不善，其积聚起来的风险终究会爆发，最终将出现更严重的偿付能力问题。所以产险公司若要通过发行次级债务补充资本，一方面需要满足发行次级债的基本要求，另一方面要做好长期规划，既要在短期内解决公司面临的偿付能力问题，改善资本结构，提高盈利能力，又要保证在次级债务到期时能够按时偿债。

所以，在保费规模持续增加而盈利能力不足导致的资本紧张期，产险公司需要根据公司的发展态势，选择合理的融资方式，及时做好融资规划，未雨绸缪，防止公司陷入偿付能力不足的境地。无论是通过直接增资还是发行次级债，都实际上是暂时性地解决了产险公司的资本不足问题，它们最主要的贡献在于为产险公司增强盈利能力、提高内部资本的积累水平提供了缓冲期，使产险公司有足够时间去提高内源资本的自我增值能力，摆脱对外部资本的依赖性。

（三）现阶段研究资本规模的必要性

根据实证分析的结果，在公司经营的后两个阶段，产险公司的规模稳定增长，盈利能力出现了大幅提高，公司的发展趋于相对稳定。但是由于我国产险业发展的特殊阶段和所处的特殊形势，产险公司仍没有实现"自给自足"，它们依然需要外部资本的大力支撑。以成立时间比较长、发展势头较好的几家产险公司为例，2011年太保财险增资46.12亿元，平安产险增资50亿元；人保财险则发行了50亿元的次级债务。虽然这些公司相对于我国其他的产险公司，已经具备了一定的盈利能力，但是它们仍然不能满足当前自身发展和监管约束对资本的需求。图7.5和图7.6分别是太保产险和平安产险的资产、营业利润、保费的变化图。从中可以清晰地看出，利润的增长远远落后于保费和资产的扩张速度。因此，整体而言，我国产险公司处于规模快速扩张、盈利能力不足并且资本紧张期，正在实现规模向效益的过渡和转变，要实现这个阶段的良好转型，必然需要大量的资本支持，产险业要实现"自给自足"还需要一个过程。正如前面所分析的，在当前阶段，产险公司必须从多个发展目标着手，权衡不同的利益关系，选择合理的融资方式，筹集适当的资本额度，做好融资规划，时刻防范偿付能力不足风险。

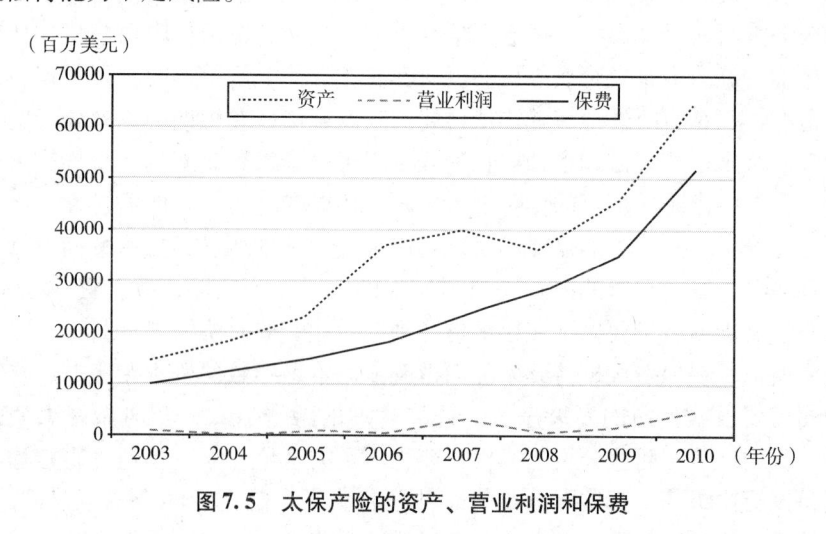

图7.5 太保产险的资产、营业利润和保费

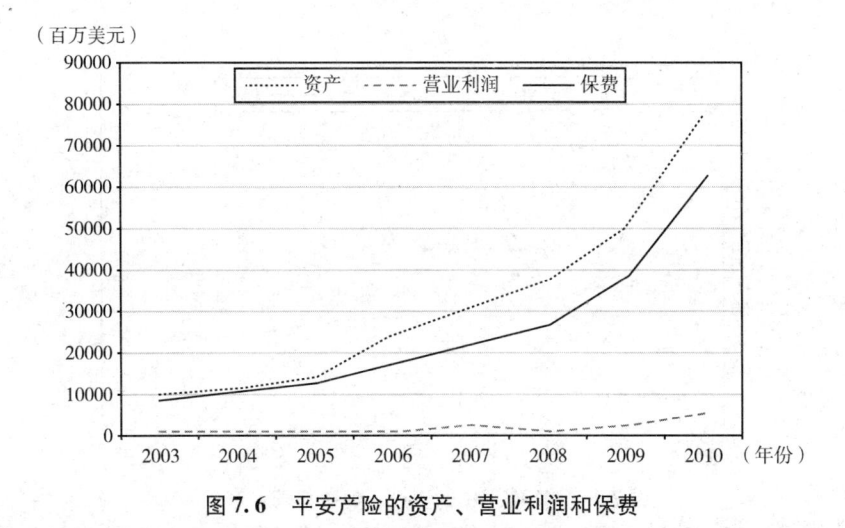

第七章 资本规模模型的应用分析

图 7.6 平安产险的资产、营业利润和保费

美国等发达国家的产险业由于发展时间较长，整个行业处于相对成熟的时期。他们对外部资本的依赖性较差，主要依靠内部资本的自我增值满足偿付能力和自身发展的需要。图 7.7 和图 7.8 描述了美国两家发展了上百年的公司，EMC 和 MERCER 近十年的资产、保费和营业利润变化情况。不难发现，其中保费规模与营业利润数额相差不大，并且保持相对稳定。这种协调、均衡发展的关系是我国产险公司未来发展的重要方向和目标。

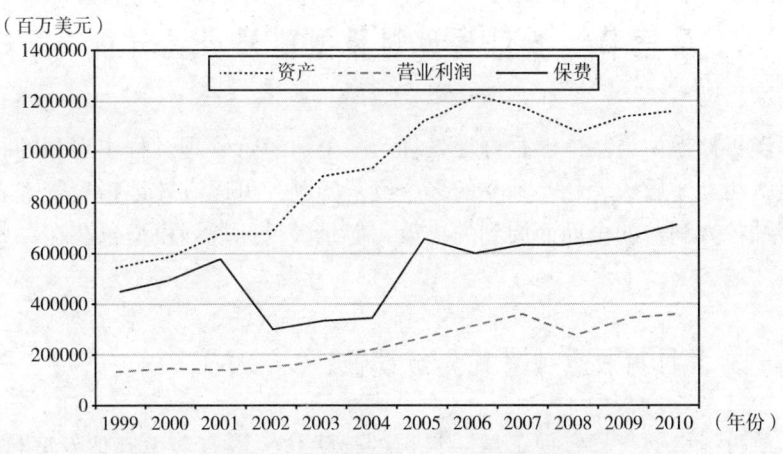

图 7.7 EMC 的资产、保费与营业利润

图7.8　MERCER的资产、保费与营业利润

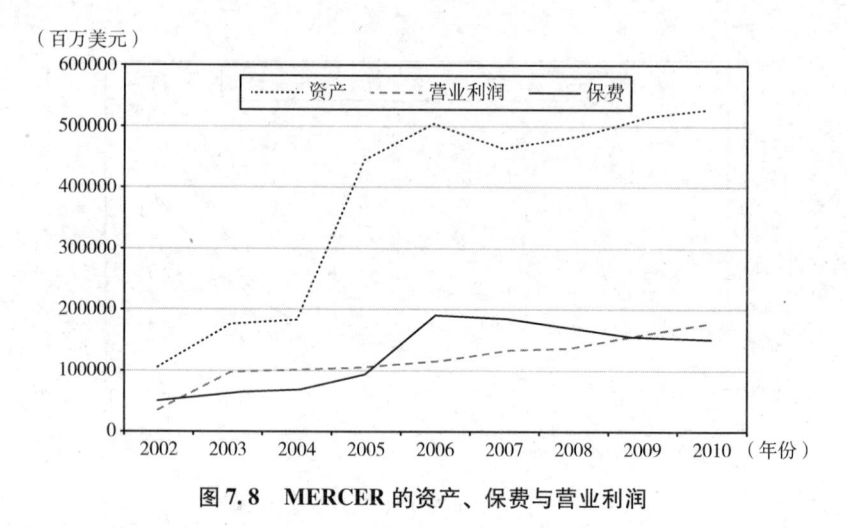

当前我国许多产险公司都处于第二阶段末期或者第三阶段初期，恰好是从规模到效益的重要过渡时期。规模扩张对产险公司的资本金产生了巨大消耗，而效益提高却是一个缓慢的过程，这一尴尬时期导致产险公司必须及时补充资本金，来保证公司的偿付能力，所以当前也是产险公司进行资本管理的关键时期。将多目标规划模型应用于产险公司的管理中作出最优资本规模决策具有非常重要的意义。

第三节　多目标规划模型的局限性分析

多目标模型虽然能够很好地处理产险公司经营管理过程中遇到的相互冲突、相互矛盾或者相互独立的多个经营问题，可以有效地指导管理者作出兼顾各方利益的全面而周到的决策，但是多目标规划模型也存在一些局限性。

一、多目标权重或者优先级设置

单目标模型只是实现了单一目标的最优化，没有考虑其他发展目标。而多目标规划模型由于考虑了多个目标，所以相对全面，能够兼顾各种关系。但是，一个非常重要的问题是，目标之间的权重关系或者优先顺序如

果设置不当，很可能得到劣势解，与初始目的南辕北辙。例如，在不考虑监管政策等约束条件下，若仅仅最小化公司的经营风险，则必然要求资本无限多，但是若单独最大化利润目标，则会要求资本为零，甚至是公司借债经营。而仅追求风险最小化不考虑利润肯定不是产险公司经营的目标，同理，仅追求公司利润最大化而不考虑风险也不能实现公司的长期健康发展。如果在这二者构成的多目标模型中权重设置不合理，则会使得资本偏大或者偏小，导致资源浪费或者偿付能力不足，在这种情况下得到的最优策略甚至不如管理者直接进行主观推测得到的结果合理。所以，产险公司在经营的过程中，必须充分考虑相互矛盾、相互独立或者部分一致的目标之间的关系，根据公司前期经营的历史数据和未来的发展方向作出正确的评估。

根据第二节对不同阶段公司经营指标的分析，产险公司在发展前期主要将保费规模、市场份额作为重要发展目标，对成本的控制和利润的重视程度均较低。但是，因为规模扩张不是公司经营的最终目的，所以当公司规模达到一定程度时，公司管理者开始关注公司的经营效益，将公司利润作为主要发展目标，同时对各种成本和费用进行严格管理，对经营风险进行严格控制，对业务结构不断优化调整，进而实现公司价值最大化的终极经营目标。可见，不同阶段公司的经营目标是不同的。在应用多目标规划模型时，必须从产险公司所处的发展阶段出发，结合具体经营实践，慎重考虑并且合理设置各个目标之间的权重关系或者优先级次序，防止事与愿违。只有这样，将多目标模型合理地应用于产险公司的管理中，才能显著提高经营的有效性。

二、其他局限性分析

在利用该模型指导产险公司或者其他企业的经营管理时，除了要谨慎权衡目标之间关系外，还需要注意以下一些问题。

第一，多目标规划模型中目标与约束条件的可转换性。多目标规划模型中，目标可以转化为约束条件，约束条件也可以转化为目标，二者并不是一成不变的。例如，产险公司制定下一年的利润目标有两种方式：第一个要求是利润最大化，第二个要求是利润不低于某一特定数值。对于第一个要求，利润宜设为发展目标，而对于第二个要求，利润则宜设为约束条件。虽然实际上两种方式都要求利润越大越好，但是其处理过程却存在巨大差异。利润不可能无限大，所以对于第一种方式，完全可以根据前几年公司的发展情况设定一个利润下限，进而转化为第二种方式；同理，对于第二种方式，也可以通过最大化利润与这一特定数值的差来实现同样的目的。所以，在管理实践中，可以将目标和约束条件进行转化，来避免多目标模型处理过程中可能遇到的种种问题。但是，在转化的过程中，必须时刻保持多目标规划模型的统一性。因为处理不当可能导致模型转换前后的求解结果不一致。

第二，多目标规划模型的求解问题。如果多目标规划模型是线性确定性规划模型，则其求解结果比较简单，最优解基本都能够得到。但是，一方面，由于产险公司经营的是风险，风险导致的损失时间、地点和损失程度都是不确定的，所以基于多目标规划的产险公司管理模型中很可能含有随机变量。如果随机变量服从性质良好的分布，如正态分布，那么还可能直接求解。但如果是服从其他分布，则需要通过程序设计来得到它的数值解。另一方面，变量之间可能不是简单的线性关系。例如，第四章中风险是采用 CVaR 测度的，这一指标的引入导致了求解结果的复杂性。所以采用多目标规划模型对产险公司的经营管理进行决策时，模型中很可能存在随机变量，或者各变量之间是非线性关系，这导致求解结果会比较复杂，难以得到模型的解析解。而若采用程序设计求解，则有可能因为模型的不规则性而出现奇异解，导致结果不稳定。所以建立模型时，除了考虑计量方法的可靠性和优越性之外，还要注意模型的可解性。

第三，对目标的设置既要全面还要有代表性，防止过于"细枝末节"或者遗漏重要发展目标。相对于单目标规划模型，多目标规划模型的重要优点就是能够涵盖尽可能多的目标，兼顾它们之间的关系。但是因为产险公司的经营涉及各个管理部门，关系到各个发展流程，所以如果考虑面面俱到，那么多目标模型必然是庞大的，不但求解比较困难，而且由于其包含了过多"细枝末节"，因而使得其实践性意义不大。因此在选择目标时，首先必须针对某一特定问题，在该问题下选择具有针对性和代表性的目标，并且要保证这些目标能够量化。其次要尽量选择层级差别不大的目标，分清主目标和次目标。例如，产险公司管理者要求明年的保费规模要达到今年规模的 1.2 倍以上，在这一指示下，车险部门经理要求车险保费要达到今年的 1.25 倍左右。若对整个公司进行管理决策，则应该选择公司的整体保费规模目标；而若对车险业务作具体的承保决策时，则应该选择车险保费规模目标。最后目标设置对最优决策的影响非常大，所以必须全面考虑各种相关问题，防止遗漏关键目标。

　　第四，要合理设置模型中的参数。模型中参数设置的好坏对最终决策产生直接的影响。所以必须根据公司实际合理设置这些参数。若产险公司具有自己的历史数据，那么就需要兼顾这些数据的有效性和全面性，剔除异常数据，依据处理后的、对公司的未来发展具有指导和借鉴意义的数据来设定模型中的参数。同时，如果模型的参数难以确定，那么还可以通过设定不同的参数对结果作比较静态分析，研究不同参数对最优决策结果的影响，逆向验证参数的合理性。若产险公司没有自己的经营数据，则可以借鉴相似公司的历史数据、行业数据，甚至是国外公司的经营数据，并对这些数据作谨慎处理，尽量保证参数对于本公司经营管理的适用性。

第八章

结论与展望

第一节 主要研究结论

资本是产险公司生存和发展的基础,是公司的生命线,所以资本管理对于产险公司的发展意义重大,尤其是对于我国的产险业。自 2007 年以来,我国产险公司就面临持续性的增资热潮,而且呈现愈演愈烈之势。在这一发展背景下,本书将产险公司的资本规模作为研究对象,从实证分析得到的产险业的现实问题出发,分析了资本规模的多目标属性,并将多目标规划理论运用于产险公司的最优资本规模研究中。本书的主要结论如下:

第一,通过将局部联立调整模型应用于我国产险业的研究中,得到了产险公司资本与风险之间的关系及影响资本和风险的各种因素。实证分析发现,资本增加使产险公司能够承担更多风险,但风险一定程度内的变化并不会导致增资压力;保费增长是导致资本增加的主要因素,规模发展对资本要求的必然性掩盖了我国产险公司盈利能力差的现状;偿付能力充足的公司改变资本和风险的速度大于偿付能力不足的公司。该研究结果表明,虽然长期而言,通过外部融资来提高偿付能力、维持业务的持续发展只能暂时缓解发展压力,并非长久之计,但是短期来看,在当前产险业盈利能力差的现实条件下,产险公司在合理利用资本并严格控制资本成本的基础上,必须积极寻求融资渠道,及时补充资本金以满足业务和机构发展的需要,防止偿付能力风险。所以当前产险业面临的一个重要问题是如何确定最优资本持有规模或者增资规模问题。

第二,产险公司的经营具有多目标属性,产险公司资本规模决策也具有多目标属性。产险公司经营的最终目标是公司价值最大化，但是其实际发展过程中却存在多个管理目标。这些目标主要包括公司规模、经营利润、资本回报率、风险控制、监管要求等。产险公司的多目标属性使得资本管理也必然从多目标的角度展开。一方面，从产险公司经营的安全性、规模发展要求、监管要求和降低融资困境成本的角度出发，产险公司的资本不能太少；另一方面，从股东的利益、代理成本的角度出发，产险公司的资本不能太多，否则就会产生闲置的资本，导致资源浪费，同时也会损害股东的利益。所以，产险公司的最优资本规模问题属于多目标决策，只有采用多目标决策的思想才能有效地进行资本管理。

第三，建立了基于多目标规划的产险公司最优资本规模和资产配置模型。本书针对产险公司经营中要实现的价值增值最大化、财务困境成本最小化和投资风险最小化目标，建立了承保风险和监管约束下的多目标最优规划模型。利用产险公司的赔付率数据拟合得到 Copula 函数，然后生成随机损失数据，并结合公司的实际经营情况设定参数对多目标规划模型进行求解。重点研究了不同权重、理想值或者预期目标对多目标模型最优决策的影响，并且比较分析了多目标规划模型的结果与产险公司的实际经营情况。研究发现，基于多目标模型的资本规模和资产配置策略能够实现公司的多个目标，有效改善公司的经营管理现状，防止公司追求单一目标所导致的发展困境，有利于产险公司实现可持续发展。

第四，建立了基于多目标规划的产险公司最优资本规模模型，同时将这一模型推广至多阶段，以增加公司价值和控制资本成本为目标。在监管约束和破产约束下建立了基于多目标规划的最优资本规模模型，得到了产险公司的最优增资额度，并在此基础上将单阶段模型推广至多阶段。结果显示，除了保费、净资产、投资收益率之外，增资数额还主要受由摩擦成本率和财务困境成本率之比所决定的损失分位数及公司可承受的尾部损失影响。产险公司需要以多目标模型为指导，提高融资的目的性和规划性。

第五，为了分析当前我国产险公司所处的阶段及不同目标的重要程度或者优先顺序，本书将产险公司分成四个发展阶段，并针对资产、保费、费用、营业利润、保险暴露和业务结构分别作了关于公司发展年龄、中外资属性和公司成立年代的面板数据回归分析。研究发现，产险公司在发展前期主要将保费规模、市场份额作为重要发展目标，对成本的控制和利润的重视程度均较低。但是，因为规模扩张不是公司经营的最终目的，所以当公司规模达到一定程度时，公司管理者开始关注公司的经营效益，将公司利润作为主要发展目标，同时对各种成本、费用和风险的管理和控制程度有所提高，业务结构也有所改善。基于产险公司的这种发展模式，本书相应探讨了不同阶段的资本管理。在规模快速扩张、盈利能力不足但资本充裕期，产险公司的资本管理主要体现为资本成本的控制和使用效率的提升。在规模迅速扩张、盈利能力不足但资本紧张期，产险公司面临偿付能力问题，所以这个阶段的资本管理主要体现为融资管理。实证分析的结果显示，当前我国大多数公司正处于这个阶段。随着公司盈利能力的提升，内部资本的积累能力提高，产险业将进入规模和盈利能力的稳定、协调发展时期。美国产险业目前的规模和盈利能力基本是均衡发展的，我国产险业则需要更深入的发展。

第六，本书在将多目标规划理论应用于资本管理中时发现，目标权重、目标优先顺序、预期理想点设置的合理性对最后得到的决策结果有非常重要的影响。合理的参数设置是多目标规划模型求解的前提，切忌根据最优决策反推权重或者发展目标，虽然决策结果可能是比较吸引人的，但是可能不适合公司当前的发展，或者与当时的经济环境不符。例如，如果宏观经济环境处于比较低迷期，则公司管理者应该更加重视投资风险的控制；如果公司股东继续出资比较困难，则公司应该适当重视财务困境成本，降低公司出现财务困境的概率；如果经济形势良好，股东的资本比较充足，那么公司就可以将更多精力用于增加公司利润。

第二节 未来研究展望

本书是将多目标规划理论应用于产险公司最优资本规模的研究中，事实上，多目标规划理论能够应用于保险公司经营的各个方面。具体而言：

首先，在既定的资本规模下，可以采用多目标规划理论寻找最优的资产或者险种业务结构。如果产险公司出现了暂时性的融资困难，那么公司只能在已有的资本规模下选择各个险种的发展规模或者资产结构。根据本书中关于产险公司决策多目标属性的分析，最优业务结构或者资产结构也需要从多目标的角度进行考虑。整体上，无论对公司的投资决策还是险种决策，亦或者是资本决策，都需要将多目标理论应用其中，合理协调公司的整体发展目标。

其次，多目标规划理论还能够应用于产险公司的决策管理中。产险公司的决策管理也具有多目标属性,其经营目标也需要在规模、利润、风险、监管、资本回报等之间进行权衡。但是由于产险公司是定额给付,而且承保周期较长,所以其内部业务与产险公司之间还是存在较大差别。所以如何将多目标规划理论应用于产险公司的中,准确地量化各个指标及不同指标之间的关系,并得到最优决策是未来研究的重要方向。

再次,在基于多目标规划的保险公司决策管理模型中,如何正确合理地设定模型中的参数是需要进一步研究的,因为模型参数设置是否适当,直接关系到最终的决策结果。所以通过构建实证模型或者统计模型,挖掘不同管理者或者决策者的偏好信息,并且根据公司发展现状以决策者的经营管理经验设定符合公司发展规律的参数是未来研究的重点和难点之一。

最后,保险公司的经营管理还存在其他非经济目标。例如,社会责任目标、满足消费者需求目标、雇工满意度目标、行业认可度目标、公司存续目标等。相对于经济目标,这些目标的重要程度较低,并且也难以量化,但是它们也对保险公司的决策产生直接的影响。所以管理者在进行决策时,还要适当斟酌这些非经济目标,尽可能地将它们体现在多目标规划模型之内。

参 考 文 献

[1] 蔡颖. 产险公司偿付能力与资本结构优化问题研究 [J]. 保险研究, 2010, (11): 8-19.

[2] 陈迪红, 晏飞, 王敏. 委托代理条件下 RAROC 资本配置方法的修正 [J]. 统计与决策, 2008, (2): 37-39.

[3] 陈迪红, 戴志良, 王敏. 资本配置视角下财产产险公司承保决策分析 [J]. 经济数学, 2009, (2): 35-40.

[4] 陈迪红, 冯慧慧. Pareto 损失分布下的百分层资本配置模型 [J]. 财经理论与实践, 2010, (2): 25-29.

[5] 陈迪红, 林晓亮. 我国财险公司产品业务线经济资本配置的实证分析 [J]. 财经理论与实践, 2008, (6): 31-35.

[6] 高志强, 张梦琳. 产险公司价值最大化下的最优资本研究 [J]. 中南财经政法大学学报, 2009, (3): 84-88.

[7] 李莎, 王韦等. 产险公司资本结构分析——以中国平安保险（集团）股份有限公司为例 [J]. 保险研究, 2009, (9): 78-83.

[8] 刘俊山. 基于风险测度理论的 VaR 与 CVaR 的比较研究 [J]. 数量经济技术经济研究, 2007, (3): 125-133.

[9] 鲁昌荣, 孙华等. 基于 EVT 和 Copula 的产险业经济资本的估算 [J]. 统计与决策, 2009, (14): 11-13.

[10] 吕长江, 周县华, 杨家树. 产险公司偿付能力恶化预测研究 [J]. 财经研究, 2006, (10): 80-91.

[11] 沈卓君, 许学军. 我国产险公司经济资本管理的运用研究 [J]. 当代经济, 2010, (8): 48-49.

[12] 田玲, 张岳. 基于 GARCH 模型的我国产险公司经济资本度量 [J]. 保险研究, 2010, (3): 37-41.

[13] 王化楠. 资本基础对中小财险公司战略规划的制约 [J]. 金融与经济, 2010, (1): 58-61.

[14] 王跃堂, 王亮亮, 彭洋. 产权性质、债务税盾与资本结构 [J]. 经济研究, 2010, (9): 122-136.

[15] 徐华. 我国寿险公司资本结构的影响因素 [J]. 财经科学, 2005, (6): 113-118.

[16] 徐华, 周游. 我国非寿险业资本结构使用效率的实证研究 [J]. 财经科学, 2008, (1): 49-56.

[17] 徐玖平, 李军. 多目标决策的理论与方法 [M]. 清华大学出版社, 2005.

[18] 杨保安, 张科静. 多目标决策分析——理论、方法与应用研究 [M]. 东华大学出版社, 2008.

[19] 占梦雅, 武述金. 多元Copula相依结构下财险承保业务经济资本计量 [J]. 华东师范大学学报（哲学社会科学版）, 2010, (2): 89-94.

[20] 张琳, 谭跃进. 财产产险公司负债风险资本金的确定 [J]. 系统工程, 2006, (3): 82-87.

[21] 张勇. 资本结构对寿险公司偿付能力的影响 [J]. 保险职业学院学报, 2003, (2): 27-30.

[22] 赵桂芹. 我国产险业资本投入效率及对经营绩效影响的实证分析 [J]. 金融研究, 2009, (12): 175-187.

[23] 赵桂芹, 王上文. 产险业资本结构与承保风险对获利能力的影响——基于结构方程模型的实证分析 [J]. 财经研究, 2008, (1): 62-71.

[24] 周晶晗, 赵桂芹. 我国产险公司财务恶化预警研究——基于Logistic模型 [J]. 经济科学, 2007, (3): 113-123.

[25] 卓志, 刘芳. 初论我国寿险公司业务与资本的匹配 [J]. 财经科学, 2004, (4): 108-112.

[26] Alexandre A, Mohamed H, JeanPaul L. Spectral risk measures and portfolio selection [J]. Journal of Banking and Finance, 2008, (32): 1870-1882.

[27] Andrade G, Kaplan S N. How costly is financial (not economic) distress? Evidence from highly leveraged transactions that became distressed [J]. The Journal of Finance, 1998. 53 (5): 1443-1493.

[28] Artzner P, Delbaen F, Eber J, Heath D. Coherent measures of risk [J]. Mathematical Finance, 1999, (9): 203-228.

[29] Bachman J. Capitalization requirements for multiple line property-liability insurance companies [M]. S. S. Huebner Foundation for Insurance

Education, Wharton School, University of Pennsylvania (Philadelphia and Homewood, Ⅲ), 1978.

[30] Beck N, Katz J N. What to do (and not to do) with time-series cross-section data [J]. The American Political Science Review, 1995, 89 (3): 634 – 647.

[31] Ben-Albdelaziz F. L'efficacite en programmation multi-objectifs stochastique [D]. University de Laval, 1992.

[32] Biger N, Kahane Y. Risk considerations in insurance ratemaking, [J]. Journal of Risk and Insurance, 1978, (45): 121 – 132.

[33] Bisignani R, Masala G, Micocci M. Economic capital management for insurance companies using conditional value at risk and a copula approach. Working Paper, 2007.

[34] Bodoff N. Capital allocation by percentile layer [C]. 2007 ERM Symposium, www. ermsymposium. rg/2007/pdf/papers/Bodoff. pdf. 2007.

[35] Brennan M J. Discussion [J]. Journal of Finance, 1975, (30): 446 – 447.

[36] Buser S A, Chen A H, Kane E J. Federal deposit insurance, regulatory policy, and optimal bank capital [J]. Journal of Finance, 1981, (36): 51 – 60.

[37] Butsic R P. Solvency measurement for property-liability risk-based capital applications [J]. Journal of Risk and Insurance, 1994, (61): 656 – 690.

[38] Cagle J A B, Harrington S E. Insurance supply with capacity constraints and endogenous insolvency risk [J]. Journal of Risk and Uncertainty, 1995, 11 (3): 219 – 232.

[39] Carayannopoulos P, Kelly M. Determinants of capital holdings: evidence from the Canadian property/casualty insurance industry [J]. Journal of Insurance Regulation, 2004, 23 (2): 45 – 65.

[40] Chandra V, Sherris M. Capital management and frictional costs in insurance [J]. Australian Actuarial Journal, 2007, 12 (4): 399 – 448.

[41] Cooper R W. Investment return and property-liability insurance ratemaking [M]. Published for the S. S. Huebner Foundation for Insurance Education by R. D. Irwin (Homewood, Ⅲ), 1974.

[42] Cummins J D, Sommer D W. Capital and risk in property-liability insurance markets [J]. Journal of Banking and Finance, 1996, (20): 1069 – 1092.

[43] Cummins J D, Nini G P. Optimal capital utilization by financial

firms: evidence from the property-liability insurance [J]. Journal of Financial Services Research, 2002, (21): 15 -53.

[44] Cummins J D, Danzon P M. Price, financial quality, and capital flow in insurance markets [J]. Journal of Financial Intermediation, 1997, 6 (1): 3 -38.

[45] Cummins J D. Risk-based premiums for insurance guaranty funds [J]. Journal of Finance, 1988, (43): 823 -839.

[46] Cummins J D, Phillips R D. Estimating the cost of equity capital for property-liability Insurer [J]. Journal of Risk and Insurance, 2005, 72 (3): 441 -478.

[47] Cummins J D, Nye D J. Portfolio optimization models for property liability insurance companies: An analysis and some extensions [J]. Management Science, 1981, (27): 414 - 430.

[48] Demarta S, McNeil A. The T-Copula and related copula [J]. International Statistical Review, 2005, 73: 111 -129.

[49] Derrig R. Theoretical considerations of the effects of federal income taxes on investment income in property-liability ratemaking [J]. Journal of Risk and Insurance, 1994, 61: 691 -709.

[50] Dhaene J, Tsanakas A, Valdez E A, Vanduffel S. Optimal capital allocation principles [J]. Journal of Risk and Insurance, 2012, 79 (1): 1 -28.

[51] Dhaene J, Goovaerts M, Lundin M, Vanduffel S. Aggregating economic capital [J]. Belgian Actuarial Bulletin, 2006, 5: 14 -25.

[52] Djehiche B, Hörflet P. Standard approaches to asset & liability risk [J]. Working Paper, 2004.

[53] Doherty N, Garven J. Price regulation in property-liability insurance: a contingent claims approach [J] . Journal of Finance, 1986, 41: 1031 -1050.

[54] Embrechts P, Lindskog F, McNeil A. Modeling dependence with copula and applications to risk management [D]. Handbook of Heavy Tailed Distributions in Finance, S. T. Rachev ed. , Elsevier, 2003: 329 -384.

[55] Embrechts P, Kluppelberg S, Mikosch T. Extremal events in finance and insurance [M], Springer. 1997.

[56] Estrella A. The cyclical behavior of optimal bank capital [J]. Journal of Banking and Finance, 2004, 28: 1469 -1498.

[57] Fairley S. Investment income and profit margins in property-liability

insurance: Theory and empirical tests [J]. Bell Journal of Economics and Management Science, 1979, 10: 192 - 210.

[58] Fama E F, French K R. Testing tradeoff and pecking order predictions about dividends and debt [J]. The Review of Financial Studies, 2002, 15 (1): 1 - 13.

[59] Feldblum S. NAIC property-casualty insurance company risk-based capital requirements [EB/OL]. http://casualtyactuaries.com/pubs/proceed/proceed96/96297.pdf, 1996.

[60] Flannery M J, Rangan K P. Partial adjustment toward target capital structures [J]. Journal of Financial Economics, 2006, 79 (3): 469 - 506.

[61] Franklin B. Letter to Joseph Priestly. Reprinted in the Benjamin Franklin Sampler [M]. New York: Fawcett, 1956.

[62] Froot K A, Stein J C. Risk Management, capital budgeting and capital structure policy for financial institutions: An integrated approach [J]. Journal of Financial Economics, 1998, 47: 55 - 82.

[63] Froot K A, Scharfstein D S, Stein J C. Risk management: Coordinating corporate investment and financing policies [J]. Journal of Finance, 1993, 48: 1629 - 1658.

[64] Froot K A. Risk management, capital budgeting, and capital structure policy for insurers and reinsurers [J]. The Journal of Risk and Insurance, 2007, 74 (2): 273 - 299.

[65] Froot K A, Stein C. Risk management, capital budgeting, and capital structure policy for financial institutions: An integrated approach [J]. Journal of Financial Economics, 1998, 47: 55 - 82.

[66] Froot K A. Risk management, capital budgeting, and capital structure policy for insurers and reinsurers [J]. The Journal of Risk and Insurance, 2007, 74 (2): 273 - 299.

[67] Furlong F T, Keeley M. Capital regulation and bank risk taking: A note [J]. Journal of Banking & Finance, 1989, 13 (6): 883 - 891

[68] Gatzert N, Schmeiser H. The influence of corporate taxes on pricing and capital structure in property liability insurance [J]. Insurance: Mathematics and Economics, 2008, 42 (1): 50 - 58.

[69] Szegö G. Measures of risk [J]. European Journal of Operational

Research, 2005, 26 (7): 1253 – 1272.

[70] Givoly D, Hayn C, Ofer A R, Sarig O. Taxes and capital tructure: Evidence from firms response to the tax reform act of 1986 [J]. Review of Financial Studies, 1992, 5 (2): 331 – 355.

[71] Gron A. Capacity constraints and cycles in property-casualty insurance markets [J]. The RAND Journal of Economics, 1994, 25 (1): 110 – 127.

[72] GRON A. Property-casualty insurance cycles, capacity constraints, and empirical results [D]. Department of Economics, Massachusetts Institute of Technology, Cambridge, 1989.

[73] Hancock J, Huber P, Koch P. Value creation in the insurance industry [J]. Risk Management and Insurance Review, 2001, 4 (2): 1 – 9.

[74] Hardelin J, De Forges S L. Raising capital in an insurance oligopoly market [J]. The Geneva Risk and Insurance Review, 2012, 37: 83 – 108.

[75] Harrington S. Insurance derivatives, tax policy, and the future of the insurance industry [J]. Journal of Risk and Insurance, 1997, 64 (4), 719 – 726.

[76] Harrington S, Mann S, Niehaus G. Insurer capital structure decisions and the viability of insurance derivatives [J]. J. Journal of Risk and Insurance, 1995, 62 (3): 483 – 508.

[77] HarringtonS, Niehaus G. Capital, corporate income taxes, and catastrophe insurance [J]. Journal of Financial Intermediation, 2003. 12 (4): 365 – 389.

[78] Markowitz H. Portfolio selection [J]. Journal of Finance, 1952, 7 (1): 77 – 91.

[79] Markowitz H. Portfolio selection: Efficient diversification of investments [M]. New York: John Willey & Sons. 1959.

[80] Hill R D, Modigliani F. The Massachusetts model of profit regulation in non-life insurance: an appraisal and extensions [M]. Fair Rate of Return in Property-Liability Insurance (Boston: Kluwer Academic Publishers), 1987: 27 – 53.

[81] Hill R D. Profit regulation in property-liability insurance [J]. Bell Journal of Economics, 1979, 10 (1): 172 – 191.

[82] Hipp C, Plum M. Optimal investment for insurers [J]. Insurance: Mathematics and Economics, 2000, 27 (2): 215 – 228.

[83] Ibragimov R, Jaffee D, Walden J. Multiline Insurance with Costly Capital and Limited Liability [EB/OL]. http://faculty.haas.berkeley.edu/

JAFFEE/Papers/MonolineMultilineJan08. pdf, 2008.

[84] Kim J, Hardy M. A capital allocation based on a solvency exchange option [J]. Insurance: Mathematics and Economics, 2009, 44 (3): 357 – 366.

[85] LeMaire J. An application of game theory: cost allocation [J]. ASTIN Bulletin, 1984, 14 (1): 61 – 81.

[86] Cummins J D. Allocation of capital in the insurance industry [J]. Risk Management and Insurance Review, 2000, 3 (1): 7 – 27.

[87] Jacques K, Nigro P. Risk-based capital, portfolio risk and bank capital: a simultaneous equations approach [J]. Journal of Economics and Business, 1997, 49 (6): 533 – 567.

[88] Jaffe D, Russell T. Catastrophe insurance, capital markets, and uninsurable risks [J]. The Journal of Risk and Insurance. 1997, 64 (2): 205 – 230.

[89] Jarrow R, Purnanandam A. A generalized coherent risk measure: The firm's perspective [J]. Finance Research Letters, 2005, 2 (1): 23 – 29.

[90] Jensen M C. A gency costs of free cash flow, corporate finance, and takeovers [J]. The American Economic Review, 1986, 76 (2): 323 – 329.

[91] Kahane Y. Insurance exposure and investment risks: a comment on the use of chance-constrained programming [J]. Operations Research, 1977, 25 (2): 330 – 337.

[92] Kahane Y, Nye D J. A portfolio approach to the property-liability insurance industry [J]. Journal of Risk and Insurance, 1975, 42 (4): 579 – 598.

[93] Kessler D. Insurance market mechanisms and government interventions [J]. Journal of Banking & Finance, 2008, 32 (1): 4 – 14.

[94] Kim D, Santomero A M. Risk in banking and capital regulation [J]. Journal of Finance, 1988, 43 (5): 1219 – 1233.

[95] Klein R W, Phillips R D, Shiu W. The capital structure of firms subject to price regulation: evidence from the insurance industry [J]. Journal of Financial Services Research, 2002. 21 (1): 79 – 100.

[96] Koziol C, Lawrenz J. What makes a bank risky? Insights from the optimal capital structure of banks [J]. Journal of Banking & Finance, 2009, 33 (5): 861 – 873.

[97] Kraus A, Ross S A. The determination of fair profits for the roperty-liability insurance firm [J]. Journal of Finance, 1982, 37 (4): 1015 – 1028.

[98] Laeven R, Perotti E. Optimal capital structure for insurance companies. http://www.netspar.nl/files/Evenementen/20100610/pres%20roger%20laeven.pdf, 2010.

[99] Leibowitz M L, Henriksson R D. Portfolio optimization within a surplus framework [J]. Financial Analysts Journal, 1988, 44 (2): 43-51.

[100] Lemma S, Seward J. Financial distress, bankruptcy and reorganization [D]. Finance, Elsevier Science, New York. 1995.

[101] Li S, Huang Z. Determination of the portfolio selection for a property-liability insurance company [J]. European Journal of Operational Research, 1996, 88 (2): 257-268.

[102] Lin C M, Phillips R, Smith S. Hedging, financing, and investment decisions: Theory and empirical tests [J]. Journal of Banking & Finance, 2008, 32 (8): 1566-1582.

[103] Liu C S, Yang H. Optimal investment for an insurer to minimize its probability of ruin [J]. North American Actuarial Journal, 2004, 8 (2): 11-31.

[104] Denault M. Coherent allocation of risk capital [J]. Journal of Risk, 2001, 4 (1): 1-34.

[105] Mankaï S, Bruneau C. Optimal investment and capital management decisions for a non-life insurance company [EB/OL]. http://www.institutlouisbachelier.org/risk10/work/1045452.pdf, 2009.

[106] Mao H, Ostaszewski K. Pricing insurance contracts and determining optimal capital of insurers [C]. In Industrial Engineering and Engineering Management (IEEM), 2010 IEEE International Conference on: IEEE.

[107] Marcus A J. The bank capital decision: a time series cross-section analysis [J]. Journal of Finance, 1983, 38 (4): 1217-1232.

[108] Matten C. Managing bank capital: capital allocation and performance measurement [M]. New York: John Wiley, 2000.

[109] Merton R C. An analytic derivation of the cost of deposit insurance and loan guarantees: An application of modern option pricing theory [J]. Journal of Banking & Finance, 1977, 1 (1): 3-11.

[110] Merton R C, Perold A F. Theory of risk capital in financial firms [J]. Journal of Applied Corporate Finance, 1993, 6 (3): 16-32.

[111] Merton R C. Operation and regulation in financial intermediation: a functional perspective [M]. Operation and Regulation of Financial Markets, Stockholm: The Economic Council, 1993: 17-68.

[112] Modigliani F, Miller M H. Corporate income taxes and the cost of capital: A correction [J]. The American Economic Review, 1963, 53 (3): 433-443.

[113] Modigliani F, Miller M H. The cost of capital, corporation finance and the theory of investment [J]. The American Economic Review, 1958, 48 (3): 261-297.

[114] Myers S C. Capital structure [J]. Journal of Economic Perspectives, 2001, 15 (2): 81-102.

[115] Myers S C, Read J A. Capital allocation for insurance companies [J]. Journal of Risk and Insurance, 2001, 68 (4): 545-580.

[116] Myers S C. Panel discussions. Panel I: Barriers to and opportunities for low-cost trading of catastrophic risk [M]. The Financing of Catastrophe Risk. Univ. of Chicago Press, Chicago, 1999: 434-437.

[117] Myers S C, Cohn R. Insurance rate of return regulation and the capital asset pricing model [M]. Advisory Filing of the Massachusetts Automobile and Accident Prevention Bureau for 1982 Rates, 1981.

[118] Myers S C, Cohn R. A discounted cash flow approach to property-liability insurance rate regulations [M]. Fair Rate of Return in Property-Liability Insurance. Kluwer-Nijhoff, Boston, 1987: 55-78.

[119] Myers S C, Read J A. Surplus Allocation for Insurance Companies [R]. Working Paper, Massachusetts Institute of Technology, Cambridge, MA, 1999.

[120] Panning W H. Managing the invisible: measuring risk, managing capital, maximizing value [R]. In SOA/CAS 2006 ERM Symposium Call for Papers. 2006.

[121] Perold A. Capital allocation in financial firms [J]. Journal of Applied Corporate Finance, 2005, 17 (3): 110-118.

[122] Peura S, Keppo J. Optimal bank capital with costly recapitalization [J]. Journal of Business, 2006, 79 (4): 2163-2202.

[123] Phillips R D, Cummins J D, Allen F. Financial pricing of insurance

in the multiple-line insurance company [J]. Journal of Risk and Insurance, 1998, 65 (4): 597-636.

[124] Quirin G D, Waters W R. Market efficiency and the cost of capital: the strange case of fire and casualty insurance companies [J]. Journal of Finance, 1975, 30 (2): 427-445.

[125] Rajan R G, Zingales L. What do we know about capital structure: some evidence from international data [J]. Journal of Finance, 1995, 50 (5): 1421-1460.

[126] Rime B. Capital requirements and bank behavior: empirical evidence for Switzerland [J]. Journal of Banking & Finance, 2001, 25 (4): 789-805.

[127] Ruhm D L, Mango D E. A method of implementing myers-read capital allocation in simulation [C]. In: The Casualty Actuarial Society Forum, Fall 2003 Edition.

[128] Sherris M, Studies A. Equilibrium insurance pricing, market value of liabilities and optimal capitalization [C]. Proceedings of the 13th AFIR International Colloquium, Maastricht, Netherlands. 2003.

[129] Shim J. Capital-based regulation, portfolio risk and capital determination: empirical evidence from the US property-liability insurers [J]. Journal of Banking & Finance, 2010, 34 (10): 2450-2461.

[130] Shim J, Lee E J, Lee S H. A versatile copula and its application to risk measures [J]. International Journal of Business and Economics, 2010, 9 (3): 213-231.

[131] Shrieves R E, Dahl D. The relationship between risk and capital in commercial banks [J]. Journal of Banking & Finance, 1992, 16 (2): 439-457.

[132] Smith C. Alternative methods for raising capital: rights versus underwritten offerings [J]. Journal of Financial Economics, 1997, 5 (3): 273-307.

[133] Smith A, Moran I, Walczak D. Why can financial firms charge for diversifiable risk? [C]. Thomas Bowles Symposium, GSU, 2003.

[134] Sommer D W. The impact of firm risk on property-liability insurance prices [J]. Journal of Risk and Insurance, 1996, 63 (3): 501-514.

[135] Stancu-Minasian I. M. Stochastic programming with multiple objective functions [M]. Doedrecht: D. Reidel Publishing Companiey, 1984.

[136] Taylor G. Fair premium rating methods and the relations between

them [J]. Journal of Risk and Insurance, 1994, 61 (4): 592 –615.

[137] Taylor G. An equilibrium model of insurance pricing and capitalization [J]. The Journal of Risk and Insurance, 1995, 62 (3): 409 –446.

[138] Titman S, Wessels R. The determinants of capital structure choice [J]. Journal of Finance, 1988, 43 (1): 1 –19.

[139] Titman S. The effeet of capital strueture on a firm's liquidation decision [J]. Journal of Financial Economics, 1984, 13 (1): 137 –151.

[140] Turner A L. Insurance in an equilibrium asset-pricing model [M]. In: J. D. Cummins and S. E. Harrington, Fair Rate of Return in Property-Liability Insurance (Dordrecht: Kluwer Nijhoff Publishing), 1981.

[141] Venter G G. Capital allocation survey with commentary [J]. North American Actuarial Journal, 2004, 8 (2): 96 –107.

[142] Winter R. The dynamics of competitive insurance markets [J]. Journal of Financial intermediation, 1994, 3 (4): 379 –415.

[143] Kahane Y. Capital adequacy and the regulation of financial intermediaries [J]. Journal of Banking and Finance, 1977, (1): 207 –218.

[144] Yow, S. and M. Sherris, Enterprise risk management, insurer value maximisation, and market frictions [J]. Astin Bulletin, 2008, 38 (1): 293 –339.

[145] Zanjani, G. Pricing and capital allocation in catastrophe insurance [J]. Journal of Financial Economics, 2002, 65 (2): 283 –305.

[146] Zhang Y. Economic impact of capital level in an insurance company [C]. Enterprise Risk Management Symposium, 2006.

[147] Zhang Y. Why should an insurance firm charge for frictional costs? [R]. ERM Symposium, Casualty Actuarial Scoiety, 2007.